事業者必携

◆与信管理から法的手段、経理処理まで◆

最新 売掛金回収・債権管理の基本と対策

認定司法書士 中村 啓一
公認会計士・税理士 武田 守 監修

三修社

本書に関するお問い合わせについて

本書の記述の正誤に関するお問い合わせにつきましては、お手数ですが、小社あてに郵便・ファックス・メールでお願いします。大変恐縮ですが、お電話でのお問い合わせはお受けしておりません。内容によっては、お問い合わせをお受けしてから回答をご送付するまでに１週間から２週間程度を要する場合があります。

なお、本書でとりあげていない事項についてのご質問、個別の案件についてのご相談、監修者紹介の可否については回答をさせていただくことができません。あらかじめご了承ください。

はじめに

企業間の取引では、同じ会社間で何度も取引が行われることがあります。その際、取引のたびに請求書などの書類を発行をしなければならないとなるととても大変です。そのため、一定期間の取引をまとめて請求することで業務の効率化ができるなどの理由で掛取引が利用されるケースがあります。掛取引は利便性が高い一方、期日どおりに支払われない場合や、貸倒れとなってお金が回収できなくなるリスクがあります。その他、企業間取引では手形取引や担保制度などがあり、取引を行うにあたって取引先が信用できる相手かを見極めなくてはなりません。また、事業資金が不足すると事業に支障が出てしまいます。したがって、代金が支払われない場合の回収方法についても知っておくことはとても重要だと言えます。

本書では、売掛金回収や計画のポイント、新たに取引を開始する際の取引先の信用調査、会社や不動産の登記簿の確認方法といった債権回収の基本的な知識はもちろんのこと、金銭消費貸借契約や公正証書などの契約書の作成方法、手形取引や保証契約、担保権、債権譲渡などの債権などに関する知識、内容証明郵便や支払督促、少額訴訟、手形訴訟、保全手続き、強制執行、担保不動産競売といった回収時の手続き、貸倒損失、貸倒引当金といった経理処理まで、取引を行う際に知っておかなければならない重要事項について、ポイントを絞ったわかりやすい解説を心がけています。

法定利率、消費貸借の見直しなどを定めた、令和２年４月施行の民法債権法の改正にも対応しています。

本書をご活用いただき、皆様のお役に立てていただければ監修者として幸いです。

監修者　認定司法書士　中村啓一　公認会計士・税理士　武田　守

Contents

第2章　回収しやすい契約書の作成ポイント

第3章　手形取引や担保・保証による回収法

第４章　訴訟などの法的手段を活用する場合

第5章　保全手続き・強制執行による回収

第6章　知っておきたい取引先の倒産と対策

第7章　売掛金や回収できない債権の経理上の処理

第1章

債権回収と与信管理の基本

1 債務者が返す気があるのかどうかを見極める

債務者の信用の変化に柔軟に対応する

債務者の信用を見きわめる

債権回収においては、ない者からはとれません。取引の世界ではよく「信用」ということがいわれます。これは、債務者の支払能力と支払意思の大小のことです。**支払能力**とは、債務者に債務を履行する能力があるのか、ということ、**支払意思**とは、債務者に債務を履行する意思があるのか、ということです。債務を履行する能力が十分で、その意思も備わっている場合には、その債務者の信用は高いといえます。支払能力や支払意思のどちらかにでも、不十分な点があれば、債務者の信用は低いといえます。

債権者としては、債務者の信用が変化するものであることを前提に、柔軟に対応できるようにしなければなりません。債務者に十分な支払能力がないのなら、債権者としても、どうすれば債務者の資力が回復して支払いができるようになるのかを考えることも必要です。

支払いやすいように誘導する

状況によっては、利益誘導も有効な手段になります。常々、「返せ、返せ」と声高に叫んでいたのに、急に「じゃあ、1000万円を一度に返すのは大変だろうから、100万円ずつ10回の分割にしよう」と柔らかな口調で迫ると、債務者としても渡りに船と話に乗ってきやすいものです。

あるいは、債務者が希望する通りに支払期日を延期する代わりに、売買代金を金銭消費貸借（準消費貸借）に切り換えて公正証書（69ページ）を作るのも有効な方法のひとつです。

債務者に滞納の理由を与えない

支払いが滞る原因をつぶさに見ていきますと、債権者の側にその原因がある場合もあります。

「請求書を送付してくれと言っておいたのに送ってこなかった」などのように、債務者としては、債権者に非があると考えている場合もあります。このような場合は、債権者の方で債務者に支払いをしない理由を与えてしまっているのです。ある債権をスムーズに回収できないために不良債権だと決めつけてしまう前に、債権者としては、種々の債権回収の手段を実行に移す前提として、そもそも債権発生の段階で問題はなかったか、請求に落ち度はなかったかどうかをチェックしてみることが大切です。

情報収集は営業担当の仕事である

取引先の経営状態が危険水域に入っていれば、さすがに隠そうとしてもほころびは表に出てくるものです。そうした取引先の情報をキャッチできるのは、営業担当です。大事なことは、これらの危険信号を見逃したり、勝手に善意に解釈して見過ごしたりしないことです。危険な兆候がいくつか見えたら、まず疑ってかかり、さらなる調査を進めていくことが必要です。

手っとり早いのは、取引先へ直接出向いて、それとなく話を聞き出してみることです。親しい同業者が、同じ取引先と取引をしているようであれば、問い合わせてみるのも一つの方法です。公にされている情報、たとえば、取引先の不動産登記簿や商業登記簿を調査してみることも必要です。所有する不動産に担保が追加されていたり、代表取締役に変更はなくても、他の取締役に変更があったりしていれば、何らかの事態が生じていることはまちがいないでしょう。「危ないな」という印象をもったら、興信所や信用調査機関（43ページ）を利用して、本格的な調査をしてみることも必要です。

2 債権の種類について知っておこう

債権は金銭の支払いに限らない

債権とはどのようなものか

たとえば、「Xが友人のY時計店から、時計を買う約束をした」としましょう。このことは法律的にいうと、どんなことなのでしょうか。

この場合、XにはY時計店に対して、代金を支払う義務と、時計を渡してくれるように請求する権利とが発生します。逆に、Y時計店にはXに対して、時計を渡す義務と、代金を支払うように請求する権利が発生します。

このように、「ある人が、ある人に対して、特定の行為ないし給付（この例でいえば、時計の引渡しや、代金の支払い）を請求できる権利」を**債権**と呼び、逆に「特定の行為をしなければならない義務」を**債務**と呼びます。この場合、債権を持っている当事者を**債権者**、債務を持っている当事者を**債務者**といいます。

ただし、ここで注意したいのは、上の例では、XもY時計店も、債権と債務を持っている、ということです。両者とも債権者であって、債務者でもあるわけです。こういうときは、「どの給付についての債権者（または、債務者）なのか」を明らかにすることが大切です。

たとえば、「時計の引渡し」については、Xが債権者でY時計店が債務者になります。逆に、「代金の支払い」については、Yが債権者でXが債務者になる、というわけです。

債務者が履行しない場合の手段

債権の中心的な効力は、債務者に対して債権の内容とする行為（給付）を請求できる、ということです。債務者が、債権の内容に応じた給付をすることを、**債務の履行**または**弁済**といいます。

債権者が請求しても、債務者が素直に応じない場合、債権者が訴訟を起こし、その主張が正当であれば「債務者は債務を履行せよ」という趣旨の判決がもらえます。

判決があっても、なお債務者が応じない場合には、債権者はさらに、判決に基づいて、国家の力で、債権の内容を実現してもらえます。これを強制執行（162ページ）といいます。

もっとも、債権回収の手段として常に訴訟が適当とは限りません。債権者が行うことができる内容証明郵便（131ページ）、支払督促（136ページ）といったさまざまな手段もあります。

また、強制執行は万能の手段というわけではありません。強制執行を行うためには、債務者が不動産や債権などの財産を保有していなければならず、債務者にめぼしい財産がないような場合には、訴訟で勝訴しても強制執行により債権を回収することはほとんどできないと考えておく必要があるでしょう。

債権の目的はいろいろある

債権を回収するには、まず債務者に対して請求しなければなりません。債務者が請求に任意に応じてくれれば、これに越したことはないのですが、そうではない場合には、最終的には国家の助力、つまり裁判所の手を借りることになります。

ただし、債権の目的である債務者の行為、つまり給付の内容は、さまざまです。基本的には当事者の取り決めで、どうとでも決められますが、最も多いのは、「○○円支払え」というようなお金の支払い（金銭債権）です。その他に、「○○の土地を明け渡せ」というような物の引渡し（不動産なら明渡し）もあります。

3 売掛金回収のポイントについて知っておこう

完全回収するためのポイントを押さえる

■掛とはどんなことなのか

掛とは、支払いをその場では行わず、後でまとめて支払う「つけ」を意味します。

商品の料金を後払いや後受け取りとすることを、掛による売買といいます。商品を売って、すぐに支払いを受けない時の金銭債権が**売掛金**になります。

商売を行うにあたって、売掛金取引はよく利用されています。本来なら、現金取引をするのが、一番安全なのですが、取引先を信頼して、売掛金取引にするのです。しかし、取引先が代金を支払うまでには1か月から3か月以上の長いスパンがあることも多いようです。その間、掛け取引を行っていた取引先の会社の財務状況が悪化して、売掛金が回収（入金）されないこともありえます。そのため、売掛金取引を行う場合、以下の点に注意することが大切です。

① 取引先の信用調査を行う

営業担当者などからの情報だけでなく、専門の信用調査機関の信用調査を行っておくようにします。

すでに取引を始めている相手に対しても、定期的に再調査を行うようにすれば安心です。

② 取引条件をはっきりさせる

注文の締め切りと支払期限、支払形態は現金か手形か（現金と手形両方の場合はその比率も）、手形サイト（振出日から支払期日までの期間）はどのくらいか、全額払いかリース取引を利用するかなどを事前に決めておきます。

取引条件は契約書で定めておくようにします。

③　次の納入を差し控える

支払期限までに振込みを行わない取引先には、前回の代金と引き換えでなければ、次回の商品を納入しないと主張します。

④　相殺や代物弁済などの予防策

支払いが滞っている取引先については、相手から商品を購入し、代金の相殺（117ページ）をしたり、代物弁済（112ページ）として代金の一部を代わりの物で受け取るなどの処置をとることも有効な手段です。

⑤　支払期限前に請求する

取引のサイクルは、通常「契約の成立→物品の引渡し→支払期限が来たら代金の回収をする」、という流れで行われます。

請求の遅延はそのまま売掛金回収の遅れにつながりますので、たとえば、締切日の翌日には必ず請求書を発送するなど、請求手続きは迅速に行うようにします。

⑥　取引撤退の決断も必要

支払いを行わない取引先に対しては、通知書や内容証明郵便による催告、弁護士など専門家への取立委任、保全手続き（仮差押・仮処分）、強制執行という手順を踏んで、売掛金を回収します。危険信号をキャッチした場合（198ページ）には、得意先であっても取引の打ち切りを検討すべきでしょう。

⑦　回収の手順のマニュアル化

自社で対応できない場合に、顧問弁護士など専門家にまかせるまでの手順を社内で構築することが必要です。

たとえば、支払期限を何日過ぎたら催促状送付、何日経っても応じない場合は相手の立会いのもとで商品の引き揚げを行うなど、社内体制を確認し、自社で代金回収する体制を作っておくことが大切です。

書式　売掛金の支払いを求める督促状

令和○年○月○日

○△販売株式会社
　販売管理部長　○○○○殿

株式会社　△△開発
経理部長　○○○○

売掛金支払いのお願い

拝啓　時下益々ご隆盛のこととお慶び申し上げます。

さて、○月○日に納入致しました商品○○○（納品書番号555）につきまして、○月○日請求書をお送りし（請求書番号555）、○月○日にお支払いして頂くことになっておりましたが、２週間が経過した現在に至りましてもいまだご入金の確認がとれません。弊社と致しましても、このような状態が続きますと、今後の事業に支障をきたしかねますので、○月○日までには必ずお支払い下さいますよう、お願い申し上げます。

なお、この件に関するご質問等に関しましては、経理部長○○が承ります。

まずは、書中にてお支払いの督促まで。

敬具

4 回収計画の立て方について知っておこう

債権の内容、債務者の状況、担保・保証の有無を確認する

準備段階の調査と確認はどうする

債権回収にとりかかることになったら、まずは、回収すべき債権と債務者の状況などを調査して確認しておくことが必要です。調査はできるだけ早く、しかも正確に行わなければなりません。回収計画とその手順・スケジュールを立てるのはその後です。

まずは、回収すべき債権自体を確認します。最終的に訴訟（144～151ページ）ということになれば、債権の存在と内容を証明しなければならないのは債権者の方です。

また、契約書や借用書といった債権についての根拠となる資料も用意しておきます。根拠となる資料が何もないときは手紙やFAX、メールの交信記録などでもよいのです。

債務者について調査・確認する

債務者についての調査は、その資産・収入について行います。調査対象は、最終的に強制執行の対象となりうるあらゆる財産と収入です。

資産の調査は、債務者本人のものだけではなく、債務者が会社などの法人であれば、その代表者個人のレベルまで、債務者が個人であれば、その妻子や親族についても行っておくのがよいでしょう。

担保・保証などを確認する

抵当権などの担保権や保証などを取りつけてあれば、これは他の債権者よりも有利に回収できることになるため、契約書や借用書、手形などを確認しておきましょう。

回収の流れを確認する

債権回収のスケジュールを立ててどのような手段が適切かを検討します。チームで回収にあたる場合には、回収スケジュールと回収方針を明確にした上で、チーム内で意思の疎通を図るようにしましょう。

債権回収の流れ

問題が発生	取引先の倒産、期日を過ぎても返済がない（債務不履行）など
↓	
事実関係を確認	信用調査、取引上の行き違いがないかどうかを再確認する
↓	
契約書を作成しているか	念書、債務承認書などの類でもよい。時効にかかっていないか
↓	
請　求	電話などでも請求できるが感情的になりやすいので文書で通知。内容証明郵便などを利用する
↓	
話し合い・交渉による解決をはかる	第三者を通した話し合いがよい。弁護士か裁判所を通した民事調停の場を利用してもよい
↓	
必要があれば法的手段に出る	時間がないときは仮差押をする。訴訟によらない法的手段には支払督促もある
↓	
訴訟による解決をはかる	訴えを裁判所に提起。少額訴訟や手形訴訟、小切手訴訟もある
↓	
判決を勝ちとって権利を実行	強制執行によって債務者の財産を取り立てる

5 回収がうまくいかない理由はどのような場合なのか

売上の管理を徹底して行うことが大切

回収力の不足

債権回収が停滞していたり、焦げつきが発生しているような会社には以下のような共通点があります。

① 調査力の不足

経営方針や政策、業績などを含め、相手の会社の状況を正確に把握できないと回収に支障が生じます。

② 契約力の不足

契約に必要な法的知識を持たない状態で契約をすると、後々問題が起こった場合に法的な保護を受けにくくなります。

③ 処置力の不足

焦げつきなどの危険な兆候が現れはじめた場合に速やかに処理できなかったために、被害が拡大してしまうケースが多いようです。

④ 連携力の不足

社内での情報交換や社外関係者との連携がおろそかになっていると、得意先情報の入手が遅れるなど、危険な兆候を見逃し、結果的に、回収の焦げつきをもたらすことになります。

売上の管理に問題がある場合

売上の管理は「営業部から回ってくる伝票をもとに経理部でコンピュータ入力→請求書の発行→売掛金回収予定を一律で管理し、回収ができたものはチェックして消していく」、という流れで行われることが多いようです。

このような管理方法は、金額を打ち間違えたりしなければ、定型的な管理が可能になるというメリットがある反面、そもそも売上の報告に嘘があると売掛金の額が狂うというデメリットもあります。

たとえば、営業担当の何人かが自分の販売成績を上げるために、架空の売上を計上していたという場合です。

架空計上の原因が、製品が相手に渡ったかどうか確認する物品受領書を営業部がすべて回収していなかったという単純なミスであればまだよいのですが、売っていない製品の伝票を経理部に提出し、請求できない請求書を営業担当が自分で揉み消すことが可能だったなど、管理システム自体に問題があることも多いのです。

このような架空計上が行われると債権の回収に支障が生じます。そのため、経理部・営業部が協力して、社内の売掛金を管理するシステムを築かなければなりません。

社内の連絡が不十分な場合

請求もれが発生する原因として多いのが、取引先との窓口である営業担当者と、請求書発行部門である経理部との連絡がうまく行われていない場合です。

たとえば、返品されている、もしくは値引きされているにもかかわらず、そのことが経理担当に連絡されていないと、得意先への請求金額に誤差が生じ、結果的に繰越残高として残ってしまうのです。

また、単純に集金の怠慢が原因で、未回収の債権が残っていることも多いようです。これについては、営業担当者の意識改革を徹底すれば、解決する問題だといえるでしょう。

相手方との関係に原因がある場合

取引の相手方との関係に原因があるために、債権回収がうまくいかないこともあります。

たとえば、相手先と自社との間で、商品の品質などをめぐって値引き交渉中で支払いが先延ばしになっているケースや、得意先の検収期間（製品に問題がないか受注先が確認している期間のこと）が延びており、自社の営業担当が把握していないケースなどが挙げられます。

また、相手方が意図的に支払いを遅延していることもあります。この場合、一部を繰越金としている場合もありますが、ますます回収が困難になる危険が生じるので注意が必要です。

売掛金の記帳・記録方法のチェック

売掛金の記録は、送り状、出荷伝票、納品書、売上伝票などをもとにして作成した原始帳簿票の必要な部分を、売掛金元帳（得意先元帳）に転記し、最終的に総勘定元帳にまとめるのが一般的です。

請求、回収は売掛金元帳の記載に基づいて行われますので、得意先の取引記録はこの帳簿を見ればすべてわかります。売掛金請求もれをなくし、代金回収状況がわかるような記帳・記録であることが望ましい形といえます。

しかし、取引先が多くなり、記帳をする部門と販売、集金を担当する部門が別々になったときには、一冊の売掛金元帳で取引を管理するのは必ずしも効果的ではありません。この帳簿だけでは、回収途中の過程まで把握するのには無理があります。

そこで、販売を行う営業部門、発送・納品を担当する倉庫部門、経理部門など一連の作業の流れを図式化し、売掛金回収を把握できる事務フローの作成が必要になります。その際、売掛金管理は、売上業務と売掛金回収業務をつなぐ重要な役割を担います。ミスが発生しやすい部分でもあり、慎重な管理が必要とされます。売掛金の残高が得意先の買掛金額と一致しないなどのズレが生じないようにしなければなりません。自社の売掛金を正しく把握していないと、焦げつきに気がつかないという事態も起こり得ます。

営業部門と連絡をとりあう

売上伝票は、取引の相手方、会社の営業担当者、倉庫課の受払係、配送係、など多くの人の手を介し、経理課の記帳係、会計係に送られてきます。

したがって、伝票の起票、伝票の回付、売上日報や売掛金元帳への転記など、どれか１つの作業が滞ると、回収の流れ全体に影響し、回収遅れ・回収もれにつながっていきます。

実際、回収もれの要因の多くは、営業部門から営業事務を経て、経理部門への連絡がうまくいっていない場合です。そのため、一連の流れを見直すことは、作業効率のアップだけでなく、回収もれを防止するためにも効果的といえるでしょう。

また、経理部、営業部で相互チェックできる売掛金管理システムを構築するのも確実に売掛金を回収するための有効な手段です。

もっとも、優れたシステムが構築されたとしても、そもそもの原始伝票に記入ミスがあるようではシステムも機能しません。そこで、①安易に締後扱いの納品は行わず、生じた場合は物品受領書にその旨を明記して上司の検印を受ける、②検収期間を設けている得意先については、社内伝票の記載方法を統一して、物品受領書を保管する、③定期的に売掛金の原始帳簿票である入金伝票、現預金出納帳、受取手形などの照合を行う、④定期的に得意先に残高確認をする、などの対策を徹底し、記入ミスを生じさせないようにすることが大切です。

なお、②の**検収**とは、請負人や受託者が行った仕事内容が、契約内容通りかという点について発注者や委託者が検査することです。検収を実施する期間を検収期間といいます。

締日を見直す

請求締切日がバラバラですと管理にミスやもれが起きやすくなります。月３回くらいに集約するなど、営業担当と協力して得意先に折り合いをつけるのもよいでしょう。こうすることで、売掛金回収管理の効率化を図ることができます。

特に、締日の日程は、会社によって異なることが多いので、商品の納入日で締めるのか、それとも請求書の到着日で締めるのか、相手方に確認しておく必要があります。

締日の解釈などを確認しても、請求内容と実際の支払いの差異が大きい、あるいは請求額に対する入金割合が月によってまちまちになってしまう取引先が多い、といった問題が発生する場合には、販売の実態と請求締日が合っていない可能性もあります。

相手の信用調査を行う前に、自社の営業活動に何か問題がないか調べてみることも必要です。

■ 発注から代金請求までの流れと関係部門の業務 ……………………

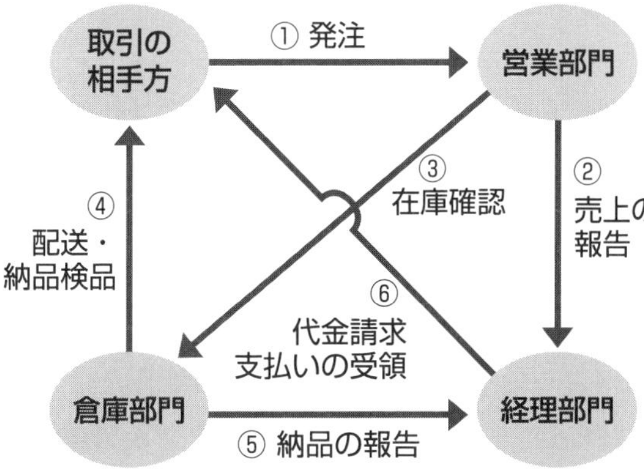

6 社内の回収システムの確立方法を考えてみる

売掛金管理の役割を理解する

どうすればスムーズにいくのか

企業のヒト・モノ・カネを目的に合わせて、合理的に管理するのが「経営管理」であり、経営の全体を管理するという位置づけです。

それに対して、経営管理の一つのサブシステムにあたるのが売掛金管理であり、販売管理、在庫管理、生産管理、購買管理（商品仕入）、財務管理（資金調達）などの各部門を管理しているという位置づけです。

売掛金管理をうまく行うことで、販売代金が確実に回収されますし、それによって、資金の調達、商品の仕入、代金の支払い、諸経費の支払い、在庫確保、商品の販売などをスムーズに行うことができるようになります。

もちろん、売掛金の管理・回収は、販売管理からも財務管理からも独立した部門でなくてはなりませんが、販売部や財務部が管理する分野と一部共通する分野を管理しますので、関係性は深いのです。売掛金管理の主な役割は以下の２つです。

①　取引全体の安全確保の機能

取引先の信用調査や与信限度の設定などの管理だけでなく、企業の取引活動全体が安全に行われるように、取引全体が管理範囲となります。

②　営業部門の抑制機能

支払能力のない得意先に商品を売ってしまうと、売掛金を回収することができなくなります。売掛金部門はこのような営業部門の行き過ぎがないように適切な統制機能をもたせておくようにします。

回収するための心得

売掛金管理の管理対象は、新規・継続の得意先となりますが、管理活動は直接、取引先に及ぶものではなく、社内での対応を組織的に、制度化して行っていくことになります。そのため、取引先との窓口にあたる営業部門との連携は必須です。単に連携するだけでなく、営業担当者に売掛金回収についての教育を施すことも管理部門の役割だといえるでしょう。

また、管理部門では取引が滞っていないときに、売掛金管理・回収に力を注ぐことが必要です。問題が発生してからでは、回収も困難になるからです。

一方、営業の心得としては、売るだけでなく、自社の「売掛金回収システム」を念頭においた活動をすることが大切です。代金を回収するまでが仕事であることを肝に銘じましょう。

問題点がどこにあるのか

回収する側の社内管理体制に、以下に掲げるような問題があると未回収・焦げつきの原因となります。

① 好景気時の社内体制づくり

景気は常に変化するものですが、景気が悪いときでも売掛金をきちんと回収している企業もあることも確かです。景気の動向に関係なく売掛金回収を行っている会社は、景気の良いときに社内体制を整え、強化していたことが勝因のひとつだといえます。

② 営業戦略・方針に問題がある

競争力のない商品やサービスをいくら販売しても、売れるわけはないのですから、営業担当者は得意先との取引を行うかどうか見極める余裕はなくなります。また、売上目標を達成することばかりを掲げた営業方針で、相手の信用調査などは後回しにして営業活動を行わせるのも問題です。これでは、売掛金の全額回収が難しくなっても仕方がありません。

③　信用管理体制の不備

与信管理の制度化が遅れていたり、制度が整っていたとしても全社的に共有されていなかったりすると、焦げつきが発生する可能性は高いといえます。

多いのは、管理部門で弁護士、経営コンサルタントなどのアドバイスをもとに与信管理規程（次ページ以下）を決めているにもかかわらず、現場で得意先と交渉する営業マンの理解が十分でないという場合です。営業部門の正しい理解と協力がなければ、得意先の信用状況に危険な兆候があったとしても、見逃してしまい、対応が遅れてしまいます。

④　営業担当の回収責任が希薄

「代金回収は経理部門や管理部門の仕事、営業担当者は売ることに専念すればいい」というのは危険な発想です。特に経理幹部がこのような考え方で、営業担当に代金回収業務まで課さないと、相手の信用を考慮に入れず、無謀な販売をすることになります。

経理部や管理部だけでなく、営業部門も売掛金回収までを意識できる職務設定が必要です。

⑤　営業担当の教育の遅れ

得意先に出向いていく営業担当の信用調査や法律に関する知識が不足しているために、焦げつきが発生しているケースも多く見られます。管理部門は適切な対処法をマニュアル化したり、過去の失敗事例を提示したりするなどして、営業部門と連携し、営業マンの教育を行っていく必要があります。

7 与信管理規程を作る

迅速で安全な取引のためには与信管理規程と運用マニュアルが必要

与信管理規程とは

個別の売掛金管理についての社内規程を**与信管理規程**といいます。個別の売掛金の管理に関わる部署や人員も多く手続面も繁雑になりがちな大企業ほど、与信管理規程が果たす役割は重要なものとなります。与信管理規程では、その会社の与信管理の方針、基準、手続きなどについて、関連部署間の役割などと共に掲載されます。

与信管理規程は、どの企業も同一の形式となるわけではなく、規模や業種によって定める内容は異なってきます。本書では、一例として31～36ページに与信管理規程のサンプルを掲載しています。

なぜ管理規程が必要なのか

売掛金には、毎月同額の売掛金が発生するものとスポット的に発生したり季節で変化するものがあります。

このように、売掛金を管理する際には、予測が立ちやすい場合とそうではない場合があることを考える必要があります。

与信管理規程は、こうしたさまざまなタイプの売掛金について、なるべくリスクを減らした上で効率よく管理をするために、次の事項について十分注意しつつ規定する必要があります。

・与信管理についてその会社の意思全体を統一し、明言しておく
・管理規程に定める与信管理に関する会社の意思決定について、各部門間で連携し、協力することを明示しておく
・与信管理について会社の各部門が持つ権限と責任を明確にしておく
・与信管理について各部門間の責任と権限の線引きを明確にしておく

・与信管理についてその会社の基本方針と手続的な決まりを明確に定めておく
・与信管理規程自体が社員の教育や啓蒙を進める上でのテキストとなるように実践的な内容にしておく

■どのように記載するのか

与信管理規程は、実践的に活用できるように、わかりやすくかつ使いやすくまとめられている必要があります。そのためには、持ち運びのできるサイズで作成したり、申請手続きをしやすくするといった工夫が必要です。具体的には次のような工夫が求められます。

・与信管理の存在意義や役割など、実務の前提となる基本事項をわかりやすく掲載する
・信用調査の方法・与信限度の設定方法などについて、具体的な方法を記載する
・与信管理の手続きについて具体的な方法を記載し、申請書類等の記入例も明示する
・申請時に必要となる書類の雛形を掲載する他、営業部門が社外からでも閲覧したり利用することができるようなシステムを構築する
・与信管理規程で扱う各項目の細かい運用方法などについては細則として管理規程とは別にまとめる
・細則もすぐに閲覧できるように別紙として管理規程に添付しておく
・申請の仕方、報告の仕方などの実務的な内容についても定めておき、記入例などの見本を掲載する
・特別な形式の管理については、取引の対象について明確にし、別途追加規程にまとめたり、細則としてまとめるようにする
・緊急事態への対応方法や取引終了時の取扱いについてわかりやすく定めておく

運用マニュアルも必要

与信管理規程を作成したら、実際に円滑に運用できるようにする必要があります。このために、運用マニュアルを作成する他、他の社内規程や制度との連動もスムーズにとれるように工夫する必要があります。会社の根幹に関わる方針などが変更された場合には、管理規程も実情にあったものに変更する必要があります。管理規程がたびたび変わることは好ましくはありませんが、実情からかけ離れたまま運用することも避ける必要があるのです。

設定方法を検討し、限度額を設定する

与信限度額を設定する際には設定方法を検討することとなりますが、まずは与信限度額の設定自体がもたらすメリットとデメリットを知っておく必要があります（下図参照）。

与信限度額を設定するには、以下のようないくつかの手法があります。設定した方法については随時見直していくことも必要です。

・月間信用期間を使用する方法

得意先の信用度（経営者の能力や会社の資産、商品販売力などを考慮したもの）を数値化（信用度指数）して、取引の限度額を設定する

与信限度額の設定がもたらすメリット・デメリット

メリット	デメリット
①効率的な信用調査が可能となる ②貸倒れリスクを低く抑えることができる ③取引と売掛金管理を迅速に行うことができる	①営業部門の活動に制限が生じたり取引先の心証を損ねる可能性がある ②営業部門の与信に対する考え方が甘くなる ③与信限度額の更新作業のたびに時間をとられる

方法です。信用度指数を割り出す作業は、厳正なチェックをするための経験や高い能力が必要となります。

この信用度指数に、月間の目標販売高、請求してから実際に支払われるまでの平均期間を掛け合わせて、与信限度額を算出します。

・基準支払能力に基づく方法

基準支払能力は、取引先の担保物件の時価をベースに、保証金を受け取った場合はそれも加味して、必要に応じて一定の掛け率（たとえば0.7）を乗じて、下記のように算出します。

（担保物件の時価×0.7）＋保証金＋（保証人の個人資産評価×0.7）

・売上高予想に基づく方法

取引先の売上高を取引先の信用力と同程度と考え、売上予測から限度額を計算します。簡便であるため、新規取引や緊急の取引に適応できる方法だといえます。

・販売目標管理に基づく方法

営業担当者が自分の担当する取引先の販売目標額を設定し、その額をもとに限度額を設定する方法です。それなりに実績のある取引先に対して利用できますが、得意先の信用状態が反映されていないため他の方法と併用する必要があります。

・担保資産を評価する方法

得意先の不動産・動産・債権などの担保資産の処分額から与信限度額を設定する方法です。資産の価値のみで判定することになりますが、回収すべき額はあらかじめ保全されており、リスクは低くなります。比較的信用度の低い取引先に利用できる方法だといえます。

・３年間の粗利を設定する方法

その取引先に対して提供した商品の粗利益率に、その取引先への３年分の売上を乗じた額を限度額として設定する方法です。計算が簡便ですが、過去に取引実績がない取引先には利用できません。

書式　与信管理規程

与信管理規程

第1条（趣旨） この規程は、当社の与信管理に関する基準と手続を定め、安全で良質な取引先を確保して取引の安全を図ること、債権の回収遅延と回収不能の発生による損害の予防のために定めるものとする。

第2条（定義） この規程において、次の各号に掲げる用語の意義は、当該各号に定めるところによるものとする。

① 取引　国内における当社のすべての取引をいう。

② 取引先登録　取引の相手として登録された法人または個人のうち、取引を開始できるか否かの判断を適格性審査の結果によって行う手続を言う。

③ 売掛取引限度額　当社が行う取引に基づいて付与する信用の極度額のことを言う。

④ 単発取引　取引に関する売買基本契約書を交わしていない相手先と単発で取引を行う場合を言う。

第3条（与信管理規程が適用される取引） 当社の取引は、別に定めがある場合を除き、この規程に従うものとする。

第4条（職務権限規程の適用） 取引における決裁権限者は、職務権限規程に従うものとする。

第5条（細目の規定と委員会の承認） この規程を実施するにあたり、経理担当役員は、委員会の承認を得なければならない重要事項を除いて細目を定めることができる。

第6条（取引先の登録） 新規の取引先については、取引開始前に顧客担当役員が取引先登録の手続を済ませなければならない。

第7条（顧客担当役員による取引先登録の申請） 顧客担当役員は、対象となる取引先の業界の状況と取引先の経営状況について調査要領で定められている手続に従って調査した上で、登録が適切であると判断した場合に限って申請を行うものとする。

2　登録申請を行う場合、取引先登録申請書に調査結果等の必要事項を記入した上で、顧客担当役員が経理担当役員に提出するものとする。

第8条（経理担当役員による登録の審査） 取引先登録の申請を受けた経理担当役員は、取引先登録申請書を基に取引先候補についての審査を行う。

2　審査終了後、経理担当役員は、取引先登録申請書に審査結果についての意見を付して決裁権限者に送るものとする。

第9条（取引先登録の可決） 取引先登録は、経理担当役員より取引先登録申請書を受理した決裁権限者が可決することにより効力を生じる。

第10条（経理担当役員による結果の通知） 取引先登録の決裁結果の連絡は、可決・否決を問わず、経理担当役員から申請した顧客担当役員に通知するものとする。

第11条（売掛取引限度額の設定） 取引先に信用を付与するには、売掛取引限度額を設定しなければならない。

2　当社が取引先と取引を行う際には、売掛取引限度額を超えて信用を付与することはできない。

第12条（売掛取引限度額設定の手続） 売掛取引限度額の設定にあたっては、必要事項を記載した売掛取引限度額設定申請書を顧客担当役員から経理担当役員に提出する手続を経なければならない。

2　売掛取引限度額設定の申請を行うにあたり、顧客担当役員は、対象となる取引先の信用状態と取引内容について調査要領で定められている手続に従って調査し、その結果から安全かつ適切であると判断できる範囲内で売掛取引限度額と取引条件を定めるものとする。

第13条（情報漏洩の禁止） 売掛取引限度額の設定手続に携わった者は、取引限度金額や査定根拠等業務上知り得た情報を社外に漏らしてはならない。

第14条（経理担当役員による売掛取引限度額の審査） 売掛取引限度額の申請を受けた経理担当役員は、売掛取引限度額設定申請書を基に取引先候補についての審査を行う。

2　経理担当役員は、売掛取引限度額設定申請書による審査結果を決裁権限者に送るものとする。

第15条（売掛取引限度額の認定の可決） 売掛取引限度額の設定は、経理担当役員より売掛取引限度額設定申請書を受理した決裁権限者が可決することにより効力を生じる。

第16条（経理担当役員による売掛取引限度額設定の結果の通知） 売掛取引限度額設定の決裁結果の連絡は、可決・否決を問わず、経理担当役員から申請した顧客担当役員に確認通知を送る方法によって行う。

第17条（売掛取引限度額の有効期間と以降の期間の指定） 売掛取引限度額の有効期間は原則として設定時から１年とする。以後は、次条に定める場合を除き、取引先の信用状態、取引実績等を勘案した経理担当役員が有効期間を指定する。

第18条（再申請・再審査が必要になる事由） 売掛取引限度額を設定済みの取引先について、以下の各号に該当する事項が生じた場合、顧客担当役員は売掛取引限度額の再申請および再審査を行わなければならない。

①　取引先において重大な組織変更が生じた場合
②　取引先の信用状況に著しい変化が生じた場合
③　取引先との取引条件に重大な変更が生じた場合
④　①〜③に準ずる事態が生じた場合

第19条（決裁権限者による減額・抹消の指示） 決裁権限者は、売掛取引限度額を設定した取引先において、前条各号に該当する事項またその他の理由により必要と判断した場合には、限度額の減額または抹消を顧客担当役員に指示し、またその旨を経理担当役員に通知しなければならない。

第20条（経理担当役員による減額・抹消の指示） 経理担当役員は、売掛取引限度額を設定した取引先において、第18条各号に該当する事由またその他の理由により必要と判断した場合には、その旨を決裁権限者に通知して了解を得た上で、顧客担当役員に対して限度額の減額または抹消を指示し、経理担当役員に対してその旨を通知しなければならない。

第21条（取引限度の消滅事由） 売掛金の全部または一部が回収不能あるいは履行遅滞となった取引先に設定してある売掛取引限度額は消滅する。

2 前項に該当する取引先または取引先の事業を継承した者との間で取引を続ける場合には、取引限度設定の再申請を行わなければならない。

第22条（取引実施状況に関する顧客担当役員の義務） 顧客担当役員は以下の各号に掲げる義務を負う。

① 取引限度設定済みの取引先について、少なくとも１年に１回以上の信用調査を行い、取引条件の適否を見直す義務

② 取引先と取引を行う際に、取引限度設定時に付された取引条件を遵守し、条件に違反する契約を締結しない義務

③ 毎月末の取引先の売掛金残高、取引限度額を点検し、取引条件に従った取引が行われたかどうかを確認する義務

④ 前号の確認の結果、条件に従った取引がなされていないことを確認した場合、翌月５日までに経理担当役員に報告する義務

第23条（取引実施状況に関する経理担当役員の義務） 経理担当役員は以下の各号に掲げる義務を負う。

① 前条第４号により報告を受けた場合、報告内容を確認し、問題ある事項について顧客担当役員に必要事項を指示し、一切の事情の説明と対策方針について担当した決裁権限者を経由して社長に報告する義務

② すべての取引先の信用状態・取引状況等の情報を集中して管理する義務

③ 前号の情報のうち特に重要な事項について概要資料を作成し、少なくとも６か月に１回以上の頻度で社長に報告する義務

④　前２号の情報を必要に応じて関係部署に開示する義務

第24条（緊急時の報告・協議） 取引先の信用状況、経営状態、業績、業界の状況等が急激に悪化した場合またはその兆しが見えた場合、顧客担当役員は、速やかに経理担当役員にその旨を報告しなければならない。

2　前項の事態が生じた場合、顧客担当役員および経理担当役員は、直ちに対策を協議した上で、適切な対応をとらなければならない。

第25条（取引解消事由） 取引先との取引は、各取引先との間で締結済みの売買基本契約書で定める有効期間が満了した場合には、解消することができる。

2　前項により取引を解消する場合には、期間満了日より３か月前までに取引先に対して解消する旨を通知しなければならない。

3　前項の通知は、当該取引先との売買基本契約書で異なる定めがある場合には、売買基本契約書の規定に従うものとする。

4　取引先が売買基本契約書に定める契約の解除要件に該当した場合には、取引先に状況を確認し調整した上で契約を解除することができる。

第26条（取引解消手続） 前条の規定により取引先との契約を解消または解除する場合には、顧客担当役員の決裁を受けなければならない。

2　取引先が倒産・廃業その他これに準ずる状況となった場合には、直ちに取引を停止しなければならない。

3　第１項の決裁を受けるには、顧客担当役員に取引解消申請書および取引解消報告書を提出しなければならない。

4　第２項により取引先との取引を停止する場合には、取引解消申請書を顧客担当役員に提出した上で、取引解消報告書によって顧客担当役員、業務管理担当役員に報告しなければならない。

第27条（単発取引の開始時における手続） 単発取引を行う場合には、当該取引について、取引契約書、発注書、受注書によって取引内容を確認するものとする。

2　前項により単発取引を行う場合には、単発・期限付取引申請書に必要事項を記入の上顧客担当役員に提出し、承認を得てから手続を行わなければならない。

第28条（期限付取引の開始時における手続）新規の取引先を開拓する際には、売掛取引限度額を設定の上、継続取引を開始する前に、期限付きの取引を行うものとする。

2　前項で定める期限付きの取引においては、取引先の信用状況を見極め、適切な金額と取引条件を設定しなければならない。

3　期限付きの取引の期間中に行われる取引は、取引ごとに前条第1項の方法により取引内容を確認しなければならない。

4　期限付取引を開始する手続については前条第2項の方法により行わなければならない。

第29条（懲戒）本規程で必要とされている手続をとらずに債権回収が不能となった場合、手続を怠った者に対して、懲戒規程に基づき責任を問う。

第30条（定めのない事項の扱い）この規程と規程を実施するために定められた細目に定めのない事項については、経理担当役員の判断に従うものとする。

8 代金回収の手順について知っておこう

手順を作り、社内に徹底させる

回収までの流れ

売掛金の回収を確実に行うためには、社内での回収手順を作ることが大切です。回収手順とは、どこまで自力で回収の努力をしていくかを定めた行動指針です。具体的には、以下のような項目になります。

① 期日を過ぎてから何日程度待つか
② 待っても支払わない場合、どの程度の期間を置いて督促するか
③ 次回の納品をするかどうか
④ 納品する場合に、未払金との引き換えにするか

回収手順を決めた後に、社内に徹底させるようにします。

回収手順に基づき、支払いを待つ期間が過ぎた後は督促行動に移ります。まず、メールで簡易な督促状を通知し、それでも容易に回収できない場合には「債務残高確認書」を普通郵便かハガキで出します。これは、相手に債務があることを認識させるための書面で、時効を中止させる催告の役割も果たします。次に、督促状を出します。督促状は、支払いを要求する書面で、この場合は、普通郵便、ハガキ、配達証明付内容証明郵便のいずれかで出します。それでも、相手から反応がない場合は、催告状を出します。これが無視された場合に、訴訟を起こすという「最後通告」です。したがって、催告状は必ず配達証明付内容証明郵便で出すことが必要です。続いては、相手と相談して、納入した商品を引き上げます。それでも、相手が支払いをしぶっているようであれば、いよいよ法的手段を検討します。

まずは請求書を送付する

債権回収の第一歩は、請求することから始まります。

普通の債務者であれば、請求することによって、支払う気持ちになり、ある期間の経過後には、振込みや送金などの方法によって、支払いがなされるものです。請求の方法は、どちらかといえば、電話によるよりも、請求書を送付する方が、債務者の気持ちを傷つけることが少ないといえます。電話によって督促（催促）すると、債権者側の態度が悪かったり、ちょっとした言葉使いのミスがもとで、債務者の反発を買ってしまうおそれもあります。

内容証明郵便の利用

請求書を送っても何らの応答がない場合には、再度請求書を送付することが考えられます。これによっても若干の回収は見込まれます。

しかし、現実的には、再請求をしても回収が進むという確率は、そう高くはないと言わざるを得ません。そのため、次の手段として、請求書を内容証明郵便（131ページ）に代えるのもよいでしょう。内容証明郵便は、債務者にプレッシャーを与えると共にいざ訴訟になったときに効力を発揮します。情報収集の結果、納入した商品について品質上のクレームがないなど、債務者側に支払いをしない正当な理由がないことが判明した場合には、次の手を考えなければなりません。

多くの場合には債務者側の資金繰りが苦しいといえます。この段階から、債務者が倒産することも視野に入れるべきでしょう。

請求書作成上の注意点

書類を送付して請求する場合には、次ページのような請求書を作成することになります。請求の時点でまだ入金されていない未払金がある場合には、その未払金についても記入するようにします。請求書は後々裁判になったとき重要な証拠となるので、記載ミスがないようにします。

■ 代金回収のための手順

第１段階　２週間程度支払が遅れている

メール、あるいは債務残高確認書を普通郵便で送付し、様子を見る

第２段階　３週間〜１か月程度遅れている場合

督促状や催告状（相手から反応のないことを受け、警告する催促）を複数回に分けて、配達証明付内容証明郵便を送付する

第３段階　支払いが１か月半程度遅れている場合

次回の納品をしないで様子を見る。契約を解除し、商品を引き揚げることを検討する

第４段階　支払いが２か月以上遅れている場合

訴訟（144ページ）や支払督促（136ページ）など、法的手段（126ページ）を検討する

■ 請求書サンプル

請　求　書

令和○年○月○日
No.　○○○○

株式会社○○御中

株式会社○○○○　［社印］
東京都○○区○○町○—○—○
電話０３－○○○○—○○○○

下記の通りご請求申し上げます。

日付	商品名	数量	金額
４／５	A商品	1箱	３２０，０００
４／１２	B商品	3箱	４５０，０００
４／１９	C商品	1箱	５３０，０００
小　計		5箱	１，３００，０００
消費税（10%）			１３０，０００
合計			１，４３０，０００

１お支払金額　１，４３０，０００円
２支払期限　　令和○年○月○日
３振込先　　　○○銀行○○支店（普通）○○○○-○○○○

9 念書や支払計画書の取り方について知っておこう

念書は債権消滅の時効期間を更新する

後々のための証拠づくりをする

法律の建前から言えば、債務の履行は債権者の住所または営業所で行うのが原則ですが、そうはいっても、待っているばかりでは債権回収はおぼつきません。回収が困難であればあるほど、債務者のところへ足を運んで、こちらの主張を伝え、債務者と直談判することが必要になってきます。何度足を運んでも埒のあかない債務者であっても、たずねていったら、少なくとも債務確認のための念書だけは書いてもらうようにしましょう。**念書**とは、後日、証拠として用いるために、念のため作成される文書です。後日、言った言わないといったトラブルが起こることを避けるためです。

念書には、①債権者・債務者の名称、②債務の内容、③支払期日、④支払いが遅れた場合に債務者が負う責任、についても明記します。その上で、本文の末尾に「後日のため、念書を差し入れます」といった記載をしてもらうのが一般的です。

また、**債務承認書**とは債務者に債務の存在を認めてもらう文書です。債務者が債務を承認すると消滅時効の進行がストップしますので、時効の期限が迫っている債権の債権者は債務内容を記載した書面に債務者の名前を書いてもらい、印鑑を押してもらいましょう。

債務者の資力が乏しく、すぐに返済してもらえそうもない場合には、**支払計画書**や**弁済計画書**を作成してもらうとよいでしょう。

支払計画書には具体的な返済計画と債務者側の資金計画、売上予測といった財産状況を記載してもらいます。

書式　念書

念　　書

弊社、株式会社山本産業は、次の事項を約束します。

一、貴社より発注頂いておりました令和○年○○月○○日付の物品売買契約書に基づくご注文の品は、先月○月○日が納期でしたが、弊社の在庫数の不足から今月○月○日まで延期しなければならないことになりました。つきましては、万一再び納品が遅れた場合には、契約書第○条に基づく損害賠償の請求を受けても何ら異議を申しません。

後日のため、念書を差し入れます。

令和○年○月○日
株式会社元山商会
代表取締役　元山三郎　殿

住所　東京都○○区○○1-1-2
氏名　株式会社山本産業
代表取締役　山本一郎　　㊞

書式　債務承認書

債務承認書

令和○年○月○日

○○株式会社　御中

住所　　東京都○○区○○町○丁目○番○号
債務者　○○株式会社代表取締役　山本一郎　㊞

私は貴社に対し、下記債務を負担している事を承認します。

記

債務の表示
弊社が貴社から令和○年○月○日から同年○月○日に仕入れた製品○○○○などの売掛金未払代金債権　300,000円

以上

書式　支払計画書

支払計画書

このたびは大変ご迷惑をおかけして申し訳ありません。

貴社への返済につきましては、下記返済計画により責任をもって完済いたしたく、この書面をもって確約いたします。

記

・返済合計金額

金１０,０００,０００円

・返済計画

８月31日	￥１,０００,０００
９月30日	￥３,０００,０００
10月31日	￥３,０００,０００
11月30日	￥３,０００,０００

つきましては諸事情をご理解いただき、弊社売上、営業の充実をはかるため勝手ながら、上記計画案にてお願い申し上げます。

・資金計画と売上予測

＜資金計画＞

○○銀行融資　￥１０,０００,０００　８月末実行予定

＜売上予測＞

８月計	￥１２,０００,０００
９月計	￥７,０００,０００
10月計	￥８,０００,０００
11月計	￥１０,０００,０００

※主要取引先は○○株式会社、××株式会社

10 信用調査機関の調査の利用法について知っておこう

信用調査機関を活用して会社を守る

信用調査機関とは

新規に取引を開始しようとする場合、相手の企業が信用できるのか、特に支払能力があるのかはとても重要な情報です。しかしそのような情報を自力で入手しようとすると、相当の手間がかかります。そのようなときに利用できるのが**信用調査機関**です。大手では、東京商工リサーチ、帝国データバンクなどがありますが、全国に拠点をもっているため、遠隔地の調査も容易なものとなります。また、大手の信用調査機関では、年間数百万件の信用調査を行っているため、あらゆる業界にも精通しています。

依頼する際の注意点

調査を依頼する相手がその道のプロとはいえ、依頼する側も注意しなければならないことがあります。まず、調査の目的を明確にするということです。依頼者の要望が明確でないと、調査する側も調査のポイントが絞れずに効果的な調査ができません。そのため、「何のためにその企業を調査したいのか」「何が心配なのか」をあらかじめ整理しておく必要があります。また、調査をしていることを相手に知られてしまうと、信頼関係が築けなくなります。調査員は依頼者の情報は洩らしませんので、依頼者（債権者）自身が洩らさないよう注意が必要です。

調査のどこを見るか

調査の目的によって、そのポイントは異なってきますが、一般的には、資金状況がよく見られます。売上及び利益の状況、支払能力、資金調達力です。これが優れていれば代金の回収等には心配がなくなります。その他、企業活力や規模などが重視されます。

また、企業は経営者の資質により大きく左右されるので、経営者の経営経験、人物評価、資産、納税状況などを重視する企業もあります。

さらに相手企業が抱えている負債を返済する能力を測る安全性、売上に対する利益の比率を見る収益性、あるいは、前年からの伸び率から見る成長性などを知り、与信限度額を検討することになります。

調査結果には、客観的なデータと調査員の主観的な情報があります。調査員はしっかりトレーニングを積んでおり、第三者の立場でレポートを作成しますので信用できる情報ですが、主観であることを踏まえてレポートを見る必要があります。

取引前の信用調査と限度額の決定

会社と会社の間で行われる掛売り・掛買いという信用リスクを低く抑えるためには、取引に先立って、取引先の信用調査を行います。信用調査は具体的には47ページの図のような手順で行います。

また、取引を開始する場合、契約を締結する前に、必ず取引限度額（与信限度額）を設定しておく必要があります。取引限度額を設定せずに取引を行うとリスクが無限に広がっていく可能性があるからです。取引限度額の設定については、具体的には期限と金額双方の面から限度を設定します。特に新規取引先は信用度が未知数なため慎重に設定する必要があります。

どうして取引するのか明確にする

営業担当者が取引の見込みがある企業を開拓してきた場合、管理部門（経理部や総務部）としては、なぜその企業と取引をするのかを明確にしておく必要があります。

その企業との取引を希望する動機を把握できなければ、信用調査はうまくいかない場合がほとんどです。

特に営業担当者は数字を念頭に動いているため、たとえば期末の在庫処分目的で調査が甘くなりがちです。

取引の動機が十分ではない場合には、取引見込先の調査をまとめた報告書の提出を求め、取引をするかどうか検討する必要があります。

新規得意先の信用調査を行う

新たに取引を開始しようと思う企業の信用調査を行うときには、素早くかつ多くの情報を集める必要があります。特に営業部門が開拓した取引先候補の場合は、信用調査をクリアすれば新たな取引へと結びつきます。担当者としては少しでも早く調査を終え、取引を開始したいところです。

ただ、この調査が甘いと後々高い代償を払わなければならなくなるかもしれませんから、正確な判断が求められます。調べる情報は、その企業の決算書の分析に日々変化している企業の状況も加えることで、より実情に即したものとなります。調査結果は調査する人の能力によっても左右されます。担当者の調査能力を上げるためには、訓練の実施や経験者による現場での指導を行うなど積極的な取り組みが不可欠です。実際に行われる調査は、直接調査（面接・訪問・立入調査）や間接調査（信用調査機関による調査や、対象企業と関連のある企業についての調査）、追跡調査（従業員の入退社状況や、取引実績・回収状況の変動についての調査）によって判断する定性調査がメインとなります。

調査結果を分析する

以上のような定性調査を中心とした調査結果は、的確な分析があってはじめて生かされます。

たとえば調査結果にプラス面とマイナス面がある場合、ただ単にプラス評価とマイナス評価を差し引きして出した結果を総合評価として判断するのが正しいとはいえません。

また、プラス面が多くてもマイナス面がそれ以上に多い場合やマイナスの内容がプラス面の内容とは比較にならないほどひどい場合はその企業との取引を見送った方が賢明です。このように、評価の仕方や判断方法に絶対的なものはありません。さらに、調査結果の分析は、営業担当者だけでなく、営業部門・管理部門それぞれの経験豊富な社員も行うなど、複数の視点から行うことが重要です。このようにすることで、分析結果がより客観的なものとなります。

主観的情報と客観的情報がある

信用調査を行う上で気をつけなければならないのは、調査をする人の立場によっては調査内容に主観が入ってしまう可能性があるという点です。たとえば、営業担当者が調査をした場合には、どうしても取引に結びつけたいという気持ちから、調査が甘くなってしまう可能性があります。

ただし、同じ営業部門でも、調査になれたベテラン社員や管理職が行う場合には、客観的な判断となりやすいともいえます。

客観的な調査と分析を行うのに適しているのは、管理部門です。管理部門は、会社にとって利益があるか危険がないか、といった視点から業務を捉える部門です。取引の成立の可否に直接関わっていないため、冷静な判断を下すことができます。

また、不動産登記や商業登記などの登記事項はそもそも客観的な情報といえます。登記事項の調査の利点は、相手方を訪問する必要がなく、誰が調べても客観的な事実が得られる点です。

不動産登記で調べるべきポイントは、不動産の権利関係（物件の種類・所在地・所有者・面積・担保の設定の有無）と担保関係（担保の有無・取引銀行・担保余力の有無・与信状況）です。

商業登記で調べるべきポイントは、社名・本店所在地・資本金・設立年月日・営業種目・役員です。

信用調査機関を活用する

信用調査の結果をなるべく客観的なものとするために、信用調査機関（43ページ）に調査を依頼する場合も多くあります。知りたい内容について客観的な情報を提供してもらうためには、依頼する際に重点的に調査してもらう事項を明らかにしておく必要があります。

調査目的を明らかにした上で、依頼する調査内容を絞り込むようにするとよいでしょう。信用調査機関を利用すると、調査の相手方に自社が調査をしていることを知られずにすみます。また、不動産登記・商業登記に記載されている登記事項についても信用調査機関に依頼することができるので、調査の手間を省くこともできます。特に対象となる企業が自社から遠い場所にある場合、自社で調査をすると時間的にも費用的にも負担が大きいため、信用調査機関の利用価値は高いといえます。

信用調査の手順

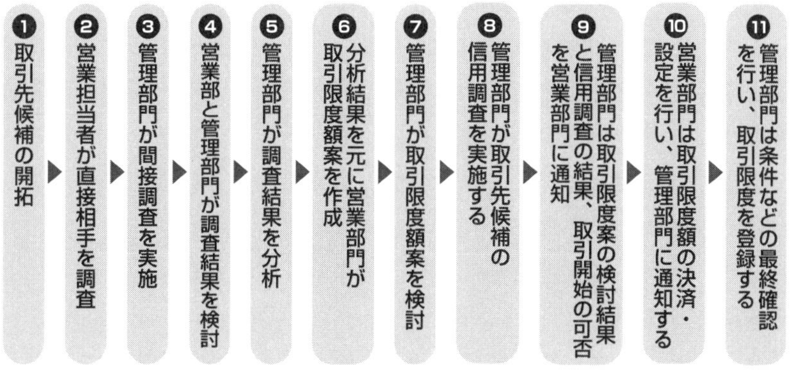

Q 売掛金回収にサービサーを活用することはできるものでしょうか。

A サービサー（債権回収会社）とは、債権者に代わって債権回収を行う専門業者のことです。不良債権処理を促進することを目的として、平成10年に「債権管理回収業に関する特別措置法」（サービサー法）が制定され、弁護士にしか許されない債権の管理・回収に関する業務を、法務大臣の許可を受けたサービサーも行ってよいことになったという経緯があります。

サービサーが扱える債権（特定金銭債権）は、サービサー法の規定に基づき、金融機関や貸金業者が持っている貸付債権などに制限されています。売掛金などは特定金銭債権に該当しないので、サービサーに売掛金などの管理・回収に関する業務を依頼することはできません。ただし、サービサーは、法務大臣の承認を受けることで、特定金銭債権以外の債権を扱うこともできます。しかし、この承認を受けても、サービサーが特定金銭債権以外の債権について扱える業務は、債権の管理・回収に関する業務に該当しないものに限定されます。

以上から、売掛金回収にサービサーを活用できる例として、売掛金の支払案内や集金代行を依頼することが挙げられます。前述したように、サービサーが管理・回収できる債権は特定金銭債権に限定されています。しかし、法務大臣の承認を受けたサービサーであれば、特定金銭債権以外であっても、その管理・回収にあたらない事務的な業務を行うことができます。具体的には、電話、文書、電子メールによって債権の支払案内をする業務や、取引先や顧客からの債権の弁済を受領する集金代行の業務をサービサーに依頼することが可能です。これらをサービサーに依頼することで、効率的な債権回収につなげることが期待できます。

サービサーには、業務範囲や業務形態がさまざまですから、回収したい債権の中身を吟味した上で、適切な業者を選ぶことが重要です。そして、特定金銭債権以外についてサービサーが扱うことのできる業務は、支払案内や集金代行といった事務的なものに限られますので、任意に弁済しない取引先や顧客に対して法的手続きを講じてくれません。したがって、弁済されない売掛金を回収するときは、訴訟や強制執行などの法的手続きを弁護士に依頼するか、もしくは会社の担当者が自ら法的手続きを行うことが必要です。

なお、特定金銭債権の管理・回収に関するサービサーの業務形態は「委託型」「譲渡型」の２種類があります。委託型は、債権者から委託を受けて回収を代行する形態です。委託型では、回収できた債権額をもとに、債権者がサービサーに手数料を支払うのが一般的です。譲渡型は、債権自体をサービサーに売ってしまう形態です。サービサーは、買い取った債権を回収し、買取額と回収額の差を利益とします。

■ サービサーの取り扱う特定金銭債権

特定金銭債権の例	特定金銭債権にあたらない債権の例
・金融機関などがもつ貸付債権やもっていた貸付債権 ・金融機関などの貸付債権の担保権の目的となっている金銭債権 ・リース契約に基づいて生じる金銭債権 ・クレジット契約に基づいて生じる債権 ・法的倒産手続中の者がもつ金銭債権	・取引関係にある会社がもつ通常の売掛金債権 ・賃料債権 ・請負代金債権 ・ネット通販などによって生じた債権

サービサーが関与することができる債権は特定金銭債権に限られる

11 商業登記で危ない会社を見分ける

安全・迅速な商取引のための情報公開制度である

登記とは何か

登記とは、不動産に関する権利関係や会社の重要事項について、法務局（登記所）という国の機関に備えている登記簿に記載することをいいます。

企業と取引を行う場合、相手方がどのような会社であるのかがまったくわからなければ、安心して取引をすることはできません。しかし、取引を行うたびに興信所に調査を依頼していては、経済活動が迅速、円滑に運びません。商取引が安全で迅速、円滑に行われるために設けられたのが**商業登記制度**です。

会社は存続する過程で、さまざまな変化をしていきます。役員・資本金など、常に変わっていきます。このように会社に変化があった場合、登記が以前のままでは登記を信頼して取引に入った相手方に思わぬ損害を与えてしまいます。そこで、事実の変化に合わせて登記の内容も変更することが義務付けられています。

登記簿を調べる方法

登記簿を調べるための方法としては、登記事項要約書と登記事項証明書を交付してもらう方法があります。

登記事項要約書とは、登記記録に記録されている事項の摘要（要点）を記載した書面です。ただ、この要約書には登記官による認証文がありませんので、一般的な証明書としては使用できません。

登記事項証明書とは、登記記録に記録されている事項の全部または一部を証する書面です。登記事項証明書には、以下のものがあります。

① 現在事項証明書

会社の成立年月日などの他、現在の登記事項しか記載されていない証明書です。例外として、商号と本店の変更については現在の事項の直前のものも記載されますが、その他の変更内容が記載されていないため会社の過去の状況を知ることができません。

② 履歴事項証明書

現在有効な登記内容の他に、交付の申請があった日の３年前の日の属する年の１月１日から請求があった日までの間に抹消された事項についても記載されている証明書です。履歴事項証明書を参照すれば、変更された商号や目的、退任した取締役・監査役などの役員の氏名を知ることができます。そのため、信用調査という目的には最適です。

③ 閉鎖事項証明書

会社が解散したり、他の管轄の法務局へ本店を移転したり、吸収合併された場合や持分会社を株式会社へ組織変更した場合などは、登記の記録が閉鎖されることになります。それでも、その会社について調べることができるように交付されるのが閉鎖事項証明書です。

④ 代表者事項証明書

代表者事項証明書とは、その会社の代表権がある者について住所、氏名、肩書を証明した登記事項証明書です。記載事項としては、最も限定された証明書となります。

危ない兆候は必ず見えるもの

商業登記簿は、会社に関する大切な情報を公開しておいて、その会社と新しく取引に入ろうとする者が安心して契約締結などをすることができるようにするための制度です。そのため、商業登記簿を確認することで取引先の会社の危険な兆候をチェックすることができます。以下でチェックポイントを解説していきます。

① 役員変更がなされていない

役員には任期があります。そのため、役員が変わったときはもちろん、同一人物が再選された場合も、その就任の年月日や住所などを変更から２週間以内に登記しなければなりません。そこでこの期間を過ぎても登記されず、放置されているということは、しっかりした運営がなされているか疑わしい会社だといえます。取締役の任期は原則として２年ですが、株式の譲渡制限を設けている株式会社では定款により任期を10年まで伸長することができます。

②　本店移転登記をしていない

法務局で取引先の履歴事項証明書を調べてみると、本店所在地と、商業登記簿に記載されている本店所在地が、違っている場合があります。こうした会社は登記申請を怠っていることもありますが、意識的に会社の実質的な所在場所と、登記簿上の所在場所を分けていることもありますが、実体のない架空の会社であることもあります。

このような会社と取引するときは、事情を聞いておいた方がよいでしょう。

③　役員が頻繁に変更されている

短い期間で役員が頻繁に入れ替わっている場合、その会社は経営陣が安定していない可能性、会社の中で何らかのトラブルがある可能性、が考えられます。

また、役員が総入れ替えされている場合なども注意が必要です。この場合も、事情を聞いておいた方がよいでしょう。

④　商号が変更されている

商号は比較的容易に変更できるため、過去に問題を起こしたため商号を変更していることがあり得ます。変更前の商号をインターネットで検索してみるなどして、過去に大きな問題のあった会社でないかを確認しておくといった対策が考えられます。その際、同じ商号の会社は他にもたくさんある場合がありますので、本店所在地なども同じであるか確認しておくことが必要です。

商号区を調べる

株式会社の登記簿は、「商号区」「株式・資本区」など区に分かれています。

商号区には、「商号」（会社名）や「本店の所在場所」（本社所在地）などが記載されています。ここを見れば、どこの何という会社の登記簿かがわかるわけです。商号区にはこの他に、「会社の公告方法」「会社成立の年月日」などが記載されています。

株式・資本区には、「発行可能株式総数」「発行済株式の総数並びにその種類及び種類ごとの数」「株券発行会社である旨」「資本金の額」などが記載されています。

商号変更や本店移転があった場合や、資本金が増加・減少したなどの変更があった場合には、商号区や株式・資本区にその旨が記載されます。このような場合、旧商号や旧本店などに下線が引かれてその下に新商号や新本店が記載され、変更の年月日も記載されますので、登記簿を確認することにより、いつ、どのような変更がなされたかがわかります。

株式・資本区（登記事項証明書）

単元株式数	50株	発行可能株式総数	10万株
発行済株式の総数並びに種類及び数	発行済株式の総数 1万株		
株券を発行する旨の定め	当会社は、株式に係る株券を発行する 平成29年1月10日廃止　平成29年1月15日登記		
資本金の額	金5億円		
株式の譲渡制限に関する規定	当会社の株式を譲渡するには、取締役会の承認を得なければならない。		

■目的区を調べる

目的区には会社の目的、つまり会社の事業目的、事業内容が記載されています。どのような事業を行っている会社なのか、目的区を確認することでわかります。

ただ、目的区に記載されている事項のすべてが、現在行っている事業とは限らず、将来予定している事業である場合や飲食店や建設業など事業内容によっては許認可が必要な事業もありますので注意が必要です。

また、すでに営業を止めてしまった事業が定款に記載されている可能性もあります。

目的に変更が生じたときは、変更前の目的に下線が引かれ、変更後の目的と変更年月日が記載されます。

■役員区を調べる

取締役、代表取締役、監査役、会計監査人（会計監査人が法人の場合はその名称）、会計参与などについての記載は役員区にされています。

誰が取締役で代表権は誰が持つのかなど、取引を行う際に重要となる事項が、役員区には記載されていますので、よく確認しましょう。

役員区には住所・氏名の他に、それぞれの役員が役員となった原因（就任もしくは重任）と就任年月日、または退任原因と退任年月日が記載されています。

他に、役員区に登記される事項として、会社の解散における代表清算人、清算人の住所・氏名や会社更生法による手続きが開始された場合の管財人の住所・氏名などがあります。

このように、会社が通常の経営を行っている時も、解散や破たんなどがあった時も、会社が存在している限りは（解散しても、清算結了するまでは会社は消滅しません）、その時々の会社を代表する者の名前が役員区でわかるようになっています。

また、名字が同じ取締役が複数いる場合などは同族で経営されている会社である可能性が高くなり、監査役や会計監査人、会計参与が置かれている会社は、これらの役員によって会計などのチェックが入りますので比較的信頼性の高い会社ではないかといったことを把握することができます。

会社状態区を調べる

登記簿には、会社状態区という区があります。ここには、「存続期間の定め」「解散の事由の定め」「取締役会設置会社である旨」「設立の無効」「特別清算に関する事項」などが記載されます。大まかに言って、会社状態区に記載される事項は、他の区に劣らず、債権を回収する場合には重要な事項だといえます。登記簿を調べる際には、会社状態区の記載に注意して見るようにしましょう。

取締役会を設置している会社は、設置に取締役は3名以上必要で、機関設計により監査役や会計参与を置かなければならないため比較的規模の大きな会社だと考えられます。

会社状態区（登記事項証明書）

取締役会設置会社に関する事項	取締役会設置会社	平成29年5月1日登記
監査役設置会社に関する事項	監査役設置会社	平成29年5月1日登記
監査役会設置会社に関する事項	監査役会設置会社	平成29年8月25日登記
会計監査人設置会社に関する事項	会計監査人設置会社	平成29年8月25日登記

12 不動産登記制度について知っておこう

不動産調査には必要不可欠である

登記で権利関係を把握する

他人の所有している土地や建物を買う場合、または抵当権を設定したりする場合に、本当にその土地や建物が取引相手のものなのか、他の誰かの権利・義務が関わっていないのかを確認することが必要になります。そのようなとき、相手に確認するだけではなく、信頼できる国家機関を通じて確認できれば、安心して取引ができます。

そこで、不動産をめぐる権利関係を国家機関が備えている公簿（登記簿）に記録して、誰もがその内容を知ることができる制度が設けられています。この制度が**不動産登記制度**です。

登記できる権利としては所有権の他、抵当権や地上権、賃借権などが挙げられます。所有権とは、物を全面的に支配できる権利です。抵当権は、貸付金や売買代金などの債権を確実に回収できるようにするための権利で、担保権と呼ばれます。地上権と賃借権は、たとえば、建物を所有するために他人の土地を使用できるという権利です。

債権回収においても登記の確認は欠かせません。相手がどんな土地を持っているか、その土地には抵当権が設定されているか、など債務者の財産を把握しておくと、いざというときに役立ちます。

登記簿を調べる

不動産登記も商業登記と同じく登記簿を調べるための方法として、登記事項要約書と登記事項証明書を交付してもらう方法があります。以前は登記簿が紙で作成されていたために、不動産登記記録を他の法務局と共有することができませんでした。しかし、現在ではすべての法務局で登記簿がコンピュータ化されています。
コンピュータ化されている法務局では「登記情報交換システム」が稼動しており、自宅や勤務先などの近くの法務局で遠隔地にある不動産の登記事項証明書を取得することができます。

■ 登記簿と登記記録

登記記録とは、土地や建物に関する、いわば戸籍簿のようなものです。登記記録には不動産に関する状況や権利関係が過去から現在に至るまで記録されています。登記記録は、登記簿に記録され、登記簿は、原則として磁気ディスクによって調製されます。

登記簿と登記記録の関係について、もう少し説明しましょう。登記簿というのは、磁気ディスクという「物体」(媒体)を意味します。これに対して、登記記録とは、登記簿の「中身」あるいは「内容」を指す言葉です。つまり、登記簿という物体に記録されている中身のことを登記記録と呼ぶわけです。

■ 地番や家屋番号で管理されている

土地や建物は登記されると必ず番号がつけられます。土地であれば一筆ごとに1つの「地番」、建物であれば1個の建物ごとに1つの「家屋番号」がつけられます。法務局は所在やこれらの地番、家屋番号を基準にして管轄地域内の不動産の登記記録を管理します。したがって登記事項証明書の交付請求などをするときは、これらの番号を申請書に記載することによって不動産を特定します。

ただ、地番については一般の住居表示とは異なることが多くありますので注意が必要です。不動産の住所はわかっているが地番がわからない場合は、不動産を管轄する法務局へ電話して地番を確認することができます。

また、債務者が建物を建てて所有しているが建物の登記をしていない場合があります（未登記）。この場合は、登記簿が作成されないため登記事項証明書を取得することができません。

■表題部と権利部がある

１つの登記記録は、一筆の土地または１個の建物ごとに作成されます。「一筆」というのは聞きなれない言葉かもしれませんが、筆は土地の単位で、１個の土地のことを一筆の土地といいます。

登記記録は、土地の場合も建物の場合も、表題部、権利部からなり、権利部は甲区と乙区に分かれます。こうした分類によって、物理的状況や権利関係がわかりやすくなっているといえます。

表題部は、不動産の物理的な状況を表示する部分です。

建物の登記記録では、その建物の所在、建物の家屋番号、さらに種類・構造・床面積などが記録されます。所有権登記がない場合は所有者の住所、氏名が記録されます。共有関係にある（所有者が２名以上いる）ときは住所、氏名に加えて共有者各自の持分が記録されます。

土地の登記記録では、土地の所在と地番、地目、地積などが記録されています。所有権登記がない場合は所有者の住所、氏名が、共有関係にあるときは共有者各自の持分が、それぞれ記録されています。

権利部は甲区と乙区に分かれています。

・甲区

甲区は所有権に関する事項を記録する部分です。不動産の現在の所有者は、通常、甲区の最後に記録されることになります。所有権に関する登記としては、建物を新築した場合に初めて行う「所有権保存登記」や不動産が売買された場合などに行う「所有権移転登記」などがあります。

甲区には、「令和○年○月○日売買」といったように登記原因が記載されており、どういう原因で取得したのかがわかります。原因としては、他に「相続」「贈与」「交換」「財産分与」「会社分割」といったさまざまな原因があります。

また、相続が発生したのに相続による所有権移転登記をしていないため、債務者が所有しているはずなのに所有者は債務者の亡くなった親名義となっていることもあります。

■ 表題部サンプル

<table>
<tr><td colspan="3">表題部（土地の表示）</td><td>調製</td><td>余白</td><td>不動産番号</td><td>0000000000000</td></tr>
<tr><td>地図番号</td><td colspan="2">余白</td><td colspan="2">筆界特定</td><td colspan="2">余白</td></tr>
<tr><td>地図番号</td><td colspan="4">新宿区○○町一丁目</td><td colspan="2">余白</td></tr>
<tr><td colspan="2">①地番</td><td>②地目</td><td colspan="2">③地積　㎡</td><td colspan="2">原因及びその日付〔登記の日付〕</td></tr>
<tr><td colspan="2">1番12</td><td>宅地</td><td>100</td><td>00</td><td colspan="2">不詳
〔平成○○年○月○日〕</td></tr>
<tr><td>所有者</td><td colspan="6">新宿区○○町一丁目1番1号　○○○○</td></tr>
</table>

■ 権利部甲・乙区のサンプル

権利部（甲区）〔所有権に関する事項〕

順位番号	登記の目的	受付年月日・受付番号	権利者その他の事項
1	所有権保存	平成○○年○月○日 第○○○号	所有者　新宿区○○町一丁目1番1号 ○○○○
2	所有権移転	令和○年○月○日 第○○○号	原因　令和○年○月○日売買 所有者　中野区○○町一丁目1番1号 ○○○○

権利部（乙区）〔所有権以外の権利に関する事項〕

順位番号	登記の目的	受付年月日・受付番号	権利者その他の事項
1	抵当権設定	令和○年○月○日 第○○○号	原因　令和○年○月○日金銭消費貸 借同日設定 債権額　金○○○万円 利息　年○.○○% 損害金　年○○.○% 債務者　中野区○○町一丁目1番1号 ○○○○ 抵当権者　渋谷区○○町一丁目1番1 株式会社○○銀行（取扱店　渋谷支店）

所有者の住所については、登記した後に所有者が住所を変更していても、住所変更の登記をしなければ登記記録は変更されないため前の住所が記載されていることもあります。

・乙区

乙区は不動産の所有権以外の権利に関する事項が記録される部分です。乙区に登記される権利は、用益権と担保権の大きく２つに分かれます。用益権とは、賃借権や地上権など、他人の不動産を利用する権利のことです。担保権とは、抵当権や質権などのように、債権の回収を確実にするために目的物に対して設定され、債務が履行されないときは、目的物を金銭に換えて債務にあてることができる権利です。

抵当権や根抵当権の登記については複数の不動産を担保としていることがあり、共同担保目録を合わせて請求することで把握していなかった不動産を確認できる場合があります。さらに、抵当権者も記載されていますので、債務者と取引のある金融機関等を確認できる可能性もあります。

抵当権の登記については、債権額が記載されていますが、債務者がきちんと弁済をしていても、債権額の変更登記をしないと登記記録の債権額は変更されないため、現在の残債務がどれだけあるのかは把握することができません。

また、すでに債務を完済している場合でも、抵当権の抹消登記をしないと抵当権の登記は登記記録に残ったままになりますので注意が必要です。

したがって、担保権が設定されてからどの程度の期間が経っているのかを把握するため原因日付も確認しておくことが必要です。

相手が不動産を所有している場合、その不動産に抵当権が設定されているか、どれだけの債権額が担保されているかなど、取引の前には、必ず登記記録を調べて不動産の権利関係を慎重に確かめておく必要があります。

第2章

回収しやすい契約書の作成ポイント

1 契約書の作成方法に注意する

公序良俗違反にあたれば当事者同士の合意があっても無効になる

解除や損害賠償請求ができる

契約は約束ごとです。当事者が約束を守らなかった場合、**債務不履行責任**を負います。つまり、契約を解除することができ、損害賠償を請求することもできます。債務不履行には、①履行遅滞、②履行不能、③不完全履行の３つの形態があります。

① **履行遅滞**

約束の期日（履行期）がきても、債務の履行がされない場合を履行遅滞といいます。契約書などに○月○日と期限が記載されているときは、その日が履行期です。履行期を定めていなかった場合には、債務者が債権者から履行の請求を受けた時が履行期になります。

② **履行不能**

たとえば、土地の売買で、売主が同一の土地を２人の買主に二重譲渡して、その一方の買主が先に移転登記をすませてしまった場合には、もう一方の買主にとっては履行不能となります。履行不能の場合の損害賠償は、本来の給付に代わる金銭を賠償してもらう事になります。

なお、金銭債権の場合には、債務者はたとえ事故などが起こり、債務を支払うことができなくなったとしても債務不履行責任を負い、損害賠償を支払うことになります。

③ **不完全履行**

履行期に一応の履行はなされたのですが、どこか不完全なところがあるというのが不完全履行です。給付された目的物に欠陥があったりして不完全な場合は、それが完全なものにできるなら、債権者としてはまず債権の内容に沿った完全な履行を請求するのがよいでしょう。

追完が不能であれば、損害賠償を請求するしかありません。

基本契約書がある場合

得意先とのトラブルを避けるために最も有効な方法は、「商品取引基本契約書」をあらかじめ交わしておくことです。これは得意先と継続的な取引がある場合に作成される契約書です。万が一不払いなどの事態が起こったときに、基本契約書があればどのような対策をとればよいかをすぐに判断することができます。しかし、古くからの得意先に契約書にサインをしろとは強要できない、という場合もあります。このような場合には、注文書や注文請書を作成して万が一トラブルが発生した際に備えることもあります。

注文書と注文請書のはたらき

注文書とは、品名、数量、納期、支払期日など個別の注文の条件が記載された書類です。継続的な商取引では、具体的な品物の種類、数量、単価、納期などについては、注文書及び注文請書や個別の契約書などで、そのつど規定されることになります。「申込み」を証明するのが注文書で、「承諾」を証明するのが**注文請書**となります。取引基本契約書と個別の契約書、注文書・注文請書などがセットになって一つの契約条件を表すと考えておけばよいでしょう。

注文書には、以下の事項を明記する必要があります。

①年月日、②商品名、③数量、④商品単価、⑤合計金額、⑥商品の送付方法・送り先、⑦納期、⑧得意先担当者の署名・押印

注文書を作るポイントは、ⓐ宛て先を正しく書く、ⓑ商品名や数量など目的物を特定する、ⓒ代金（総額・単価）・支払方法などを明記する、ⓓ納入場所、納入方法なども詳細に書く、ⓔ必ず控えをとっておく、ことです。また、せっかく注文書があっても「受け取っていない」と言われてしまっては元も子もないので、得意先が商品を受け取った

ことを証明する「商品送付記録」を保存しておく習慣をつけます。
注文請書は注文書とは若干性格が違い、「確かに契約を承諾した」という意味合いを持っています。商品取引基本契約書を交わしていない場合は、注文請書の裏面に取引約款を印刷するという方法があります。取引約款には必ず売り手の代金回収を保障する項目を明記しておきます。さらに、注文請書の裏面に取引約款が印刷されていることを得意先にきちんと伝えておきます。こうしておけばトラブルがあった時に「読んでいない」と言われる危険がありません。

証拠としての役割

契約をめぐりトラブルが発生した場合、当事者が明確な契約書を作成していないということもあります。このような場合、契約書に代わる証拠を用意する必要があります。発注内容のFAXや注文書なども、内容によっては契約の証拠になります。直筆のFAXや注文書であれば、より証拠能力が高くなります。
トラブル対策という点では、注文書の裏面に取引の重要条項や約款を印刷しておくのがよいでしょう。注文書の裏面は通常白紙ですが、裏面にトラブルが生じた場合の責任の所在、損害賠償額などを記載して、相手側に伝え、サインを受け取っておけば、そのような注文書も立派な証拠となります。特に、当事者間で明確な契約書を作成していない場合には注文書の裏面を活用するのがよいでしょう。
注文書以外の証拠としては、売掛台帳などの会計帳簿には、取引の履歴が詳細に記載されているので、発注の証拠になります。また、会議の内容を記載した議事録にも証拠能力が認められます。受領書は、相手方が商品を受け取った証拠として、検査済証は、相手方が検査を完了した証拠であるので、高い証拠能力を持ちます。
その他、自社で作成できるメモ、納品書、請求書、業務日報なども、他の証拠と合わせることで、有力な証拠となり得ます。

2 トラブルになりやすい条項について知っておこう

書面があると契約の存在や内容を証明できる

なぜ契約書を複数作るのか

通常、契約書はその人数分、複数通作成するものです。契約書が１通しか存在せず、それを当事者の一方だけが保管する場合、もしそれが紛失したり、巧みに改ざんされたりすると、他方の当事者は、本来の契約内容を証明する貴重な証拠を失うことになります。契約書を複数作成し、各当事者が１通ずつ保管するという方法には、そのような危険を排除する効用があります。

また、債務者が契約上の債務を履行しない場合、権利者はその履行や損害賠償を求めて裁判所に訴えを提起し、判決を得たり、得られた判決に基づいて強制執行（162ページ）を申し立てることができますが、そのためには、契約の存在・内容を最低限立証する必要があります。契約書がない場合でも、契約の成立を立証することは不可能ではありませんが、契約書は契約の成立を証明する最も有力な証拠ですから、それがあるのとないのとでは、権利実現の難易度に雲泥の差がでてきます。

契約書の作成形式は自由である

法律が特に要求している場合を除いて作成の形式は自由です。最近の取引関係の書式は、横書きの書式が多いようです。

通常、契約書に書かなければならない事項としては、①前文、②表題、③契約当事者の表示、④目的条項、⑤契約の内容、⑥作成年月日、⑦契約当事者の署名押印（記名押印）、⑧目録（物件目録など）、⑨収入印紙の貼付、⑩後文、があります。

この他、当事者が取得し負担する権利義務の内容、後で争いになって困るような事柄については明確に記載しておく必要があります。

争いが生じやすい事柄と記載例

契約上のトラブルが後日発生することを防ぐためには、将来争いが生じやすい事項につき、あらかじめ適切な規定を設けておくことが大切です。

① 履行期日、存続期間

履行期日は、売買・請負などの場合に問題となり、存続期間は、賃貸借・雇用などの場合に問題となります。

② 契約解除

契約解除は、解除権の行使によってなされます。解除権には、法定解除権と約定解除権があります。法定解除権は、契約上の債務不履行があった場合などに、法律上当然に認められます。

法定解除をする場合、相手に契約違反（契約不履行）があっても、履行の催告をしないと解除できません。そこで催告なしでも解除できるという無催告解除の特約を契約時にしておきます。

約定解除権は、法律で認められたものとは別に当事者の契約により認められるもので、契約違反や不渡り処分、破産手続き開始申立てなどの信用不安が起こった場合や手付が交付された場合などがその典型例です。

③ 期限の利益（期限の利益喪失約款）

期限の利益とは、「期限が来るまでは履行しなくてよい」という債務者の利益のことです。期限の利益喪失約款とは、債務者に債務不履行などがあった場合に期限が来なくても、債務の全額を直ちに支払う旨の約款のことです。

④ 損害賠償・違約金

契約上の債務の不履行によって債権者に損害が生じたときは、債権者はその損害の賠償を求めることができます。これは法律上の規定ですが、当事者の契約により、あらかじめ損害賠償額を定めたり違約罰の定めを置くこともできます。ただし、行き過ぎた金額としてしまうと無効や一部が無効となる可能性があります。

⑤　保証人条項

保証は、本来の債務（これを「主たる債務」と呼びます）が履行されない場合に、債権者が保証人に保証債務（債務者に代わり返済する債務）を請求することで債権の回収を実現するものです。

■ 契約解除・相殺予約・期限の利益喪失・遅延損害金条項 ………

契約解除条項

（契約解除）
当事者の一方が本契約の条項に違反した場合には、直ちに本契約を解除することができる。本契約の解除は何らの催告も要しない。

相殺予約条項

（相殺予約）
甲が乙に対して債務を負っている場合には、甲において、本件売掛金債権の弁済期の到来の有無にかかわらず、本件債権と甲の乙に対して負担する債務とを対当額で相殺できるものとする。

期限の利益喪失条項

（期限の利益喪失）
乙または丙が下記の一に該当した場合には、乙は当然に期限の利益を失い、乙および丙は、本件契約に基づき甲に対して負担する一切の債務を直ちに支払うこととする。

遅延損害金を定める条項

（遅延損害金）
期限後または期限の利益を失ったときは、期限の翌日または期限の利益を喪失した日の翌日から完済に至るまで、甲乙に対し、残元金に対する年○％の割合による遅延損害金を請求することができる。

保証には普通の保証と、普通の保証よりも保証人の責任が重い連帯保証がありますが（94ページ）、実務では貸付けの際には連帯保証人を要求するのが一般的です。

⑥　相殺予約条項

相殺の予約とは、相殺（債権を対当額で互いに消滅させること）することができる条件をあらかじめ契約で規定しておくことです。相殺はいち早く債権回収を実現する手段ですから債権者にとっては有効な規定といえます。

⑦　公正証書・確定日付

公正証書は、公証人という中立で高度な法的知識のある公務員が、当事者の申立てに基づいて作成する文書です。契約書を公正証書にしておくと、強制執行や証拠の点でメリットがあります。

また、その日にその証書（文書）が存在していたことを証明する変更のできない確定した日付のことを**確定日付**といいます。債権譲渡契約書については、第三者に債権譲渡の事実を主張するためには確定日付のある証書が要件とされているため、公証役場で承諾書などに確定日付を付けてもらうことが必要です。

⑧　諸費用の負担

その取引によって生じる費用や租税などの負担をどのようにするかは、明確に定めておくべきです。

⑨　裁判管轄

契約上の争いについて裁判所に判断を求める際には、管轄権を有する裁判所に申し立てます。この管轄は、原則として相手方の住所地を管轄する裁判所になります。しかし、取引の相手方が遠隔地の場合には、不便なため、特約によって便利な管轄裁判所を定めることができます。

⑩　協議条項

規定外の事項が発生したときに備え、協議する旨を入れます。

3 公正証書について知っておこう

金銭消費貸借契約でよく活用される

公正証書には強い証拠力がある

公正証書とは、公証人が、当事者の申立てに基づいて作成する文書で、一般の文書よりも強い法的な効力が認められています。公証人は、裁判官・検察官・弁護士などの法律実務経験者や一定の資格者の中から、法務大臣によって任命されます。

公正証書には、強い証拠力があり、記載された日付には、その日に作られたという公証力（確定日付）が認められます。

公正証書を作成するメリットは以下の点にあります。

①　有力な証拠になる

公正証書は訴訟において説得力のある有力な証拠になります。原本が公証役場に保管されることになるので、債権者がうっかりして公正証書を紛失した場合にも、証拠を失うことにはなりません。

②　強制執行が可能になる

公正証書が利用される最大の理由は、公正証書に与えられる執行力です。債権回収をはじめとする法的な紛争では、さまざまな手を尽くしても功を奏さないときには、最終的に訴訟となり、判決を受けて、これに基づいて債務者の財産に対して強制執行をしますが、強制執行するためには、その根拠となるもの（債務名義）が必要です。債務名義には、判決の他に、調停調書や和解調書などがありますが、公正証書も一定の要件を備えれば、債務名義となりうるのです。ただし、どんな契約書でも公正証書にすれば債務名義となりうるわけではありません。これには以下のような２つの条件が必要です。

・請求内容が一定額の金銭の支払いであるか、有価証券の一定の数量の給付を目的とする場合です。

・債務者が「債務を履行しない場合にはすぐに（直ちに）強制執行を受けても文句は言わない」旨の記載（執行受諾文言）があることが必要です。

公正証書の作成手続き

公正証書を作成する際には、債権者と債務者が公証役場へ出向いて、公証人に公正証書を作成することをお願いします（嘱託といいます）。ただし、本人ではなく代理人に行ってもらうことは可能です。

法人の場合、持っていく必要があるのは、代表資格を証明する商業登記事項証明書、届出代表者印、印鑑証明書（発行日から３か月以内のもの）です。個人の場合は、印鑑登録証明書、実印などが必要となります。当事者本人がこれらを持参して公証役場に出頭し、公証人に公正証書の作成を依頼します。また、代理人に行ってもらうためには、本人が発行した委任状と本人の印鑑登録証明書、さらに代理人の実印と印鑑登録証明書が必要です。

執行証書を作成する際の注意点

執行認諾約款が記載されている公正証書を「執行証書」といいます。執行証書の作成にあたっては以下の点に気をつけることになります。

①　債務の特定

公正証書は、当事者間の契約内容を明らかにするものですから、その記載上、債務が特定されていなければなりません。具体的には、貸金債務については、①当事者（貸主と借主）、②貸し借りをした日付（令和○年○月○日）、③金額（金○○○○円）が記載されていれば、債務の特定は認められるでしょう。

②　債務額が一定していること

債務者が債務を履行しない場合、有効な執行証書があれば、申立てをしてすぐに強制執行の手続に入ることができます。債務額についても債務の特定の場合と同様に、公正証書の記載だけから、具体的な金額が判断できなければなりません。公正証書に記載された以外の要素を加味してはじめて金額が定まる場合には要件が満たされません。

③　将来の債権について

債務の特定性が要求されますから、将来発生する債権には、一定の場合を除いて原則として、執行認諾約款をつけることができません。

④　執行認諾約款の記載が必要

債務名義を取得するためには、執行認諾約款が記載されていなければなりません。せっかく、お金を貸したり、品物を売ったりしたときに、強制執行を受け入れてくれると約束したとしても、そのことを公正証書に記載しなければ、法律的には意味がなくなってしまうのです。公正証書作成の段階では「債務を履行しないときはすぐに強制執行を受けても異議のないことを認諾する」旨の記載をしましょう。

■ 公正証書の作成方法

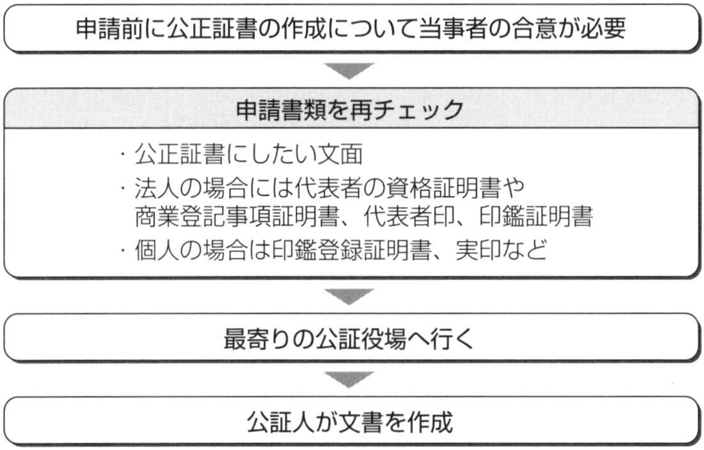

公正証書作成時に気をつけること

通常の金銭の貸し借りについては金銭消費貸借、売掛金債権や損害賠償請求権を金銭債務に引き直す場合は準消費貸借契約（78ページ）についての公正証書を作成します。また、製造業者などが販売店などに卸した代金債権などについてその返済方法を改めて決めるような契約を債務弁済契約といいます。この場合も、万が一に備えて、この契約を公正証書にしておきます。なお、金銭消費貸借契約には、以下のような特徴があるので、注意して公正証書を作成する必要があります。

① 契約が成立する要件について

書面による消費貸借契約の場合は金銭を交付していなくても、金銭消費貸借契約が成立することが認められています。ただ、金銭の交付が遅れると、トラブルの元になりかねませんから、金銭の授受日を決めておき、債務者に対して金銭を交付すべきでしょう。

② 期限の利益喪失約款について

期限の利益とは、返済期限がくるまでは返済しなくてもよいという債務者の利益のことです。期限の利益喪失約款は、債務者が支払いを怠るなど一定の事項があったときは、債権者は残額すべてをすぐに請求することができるようになるという約束です。

この他に利息と遅延損害金についても公正証書に記載をしておく必要があります。遅延損害金とは借金が期限通りに返済されなかった場合の賠償金のことです。

どのくらい費用がかかるのか

公証人の手数料ということで、公正証書完成時に現金で支払います。この価格は、公証人手数料令によって一律に規定されています。

基本的には、依頼した契約が目的とする金額、たとえば、金銭消費貸借契約であれば借金の額が手数料算出時の基礎となります。目的の価額が100万円までであれば5000円となっています。

4 金銭消費貸借契約について知っておこう

利息を加えた額を返済する

金銭消費貸借契約とは

消費貸借契約のうち、金銭の貸し借りをする場合を金銭消費貸借契約といいます。消費貸借契約は、貸主が、借主に対して、金銭その他の物を引き渡すことによって成立するのが原則です。しかし、契約内容を書面にすることによって、貸主と借主の合意だけで消費貸借契約を成立させることができます（書面でする消費貸借）。

したがって、金銭消費貸借契約を結ぶ際には、当事者間で「金銭消費貸借契約書」を作成するか、借主から「借用証書」「念書」といった名称の書類を差し入れてもらうことが一般的です。これによって、貸主が借主に対して金銭を交付していなくても、両者が合意した時点で金銭消費貸借契約を成立させることができます。

借主の返済時期について、契約で返済時期を定めている場合には、借主は定められた返済時期に返済しなければなりません。これに対し、返済時期を定めていない場合には、借主はいつでも返済できますが、貸主は相当の期間を定めて返済を請求しなければなりません。

商人間の金銭消費貸借契約は利息を請求できる

消費貸借契約は、金銭消費貸借契約を含めて、利息の支払いに関する定めがない限り、無利息が原則です。しかし、商法の規定により、商人間で金銭消費貸借契約を結んだときは、利息の支払いに関する定めがなくても、貸主は利息の支払いを請求できます。そして、利息については、当事者間で利率を定めたときは、その定めた利率による利息（約定利息）の支払いを請求できます。利率に関する定めがないときは、法定利率による利息（法定利息）の支払いを請求できます。

もっとも、2020年４月施行の民法改正に伴い、法定利率が変更されていることに注意が必要です。具体的には、金銭消費貸借契約に基づく金銭交付日が2020年４月以降の場合には、法定利率が年利３％となります。これに対し、金銭消費貸借契約に基づく金銭交付日が2020年３月以前の場合には、商事取引（商人間の取引など）の法定利率が年利６％、民事取引（消費者金融など）の法定利率が年利５％となります。

■ 返還しない場合は遅延損害金をあわせて請求できる

金銭消費貸借契約の借主が返済時期に貸金を返済しない場合には、貸主は、利息を支払う定めの有無とは関係なく、債務不履行に基づく損害賠償として、借主に対して、貸金や利息とは別に**遅延損害金**の支払いを請求できます。遅延損害金の額については、当事者間で利率や金額を定めたときは、その定めに従います。そのような定めがないときは、法定利息となるのが原則ですが、法定利息よりも高い利率による約定利息の定めがある場合は、約定利息が遅延損害金となります。

そして、2020年４月施行の民法改正に伴い、遅延損害金が発生した最初の時点が2020年４月以降の場合には、法定利率が年利３％となります。反対に、遅延損害金が発生した最初の時点が2020年３月以前の場合には、改正前の規定が適用され、商事取引の法定利率が年利６％、民事取引の法定利率が年利５％となります。

■ 利息と遅延損害金の上限

金銭消費貸借契約については、利息制限法が以下のように、利息（約定利息）に関する利率の上限を設けています。

・元本が10万円未満の場合は、年利20％が上限

・元本が10万円以上100万円未満の場合は、年利18％が上限

・元本が100万円以上の場合は、年利15％が上限

利息制限法は、これらの上限利率に違反する部分（上限利率を超える部分）が無効であると規定しています。たとえば、年利20%とする100万円の金銭消費貸借契約を結んだ場合は、上限利率を超える５%分が無効となるため、この契約の利息に関する利率は年利15%となります。ただし、遅延損害金について設定できる利率は、上限利率の1.46倍まで緩和されています。これらの上限利率を超える利率を設定しても、上限利率を超える部分が無効となるだけで、必ずしも懲役や罰金といった刑罰に処せられるわけではありません。しかし、出資法によって、年利109.5%を超える割合の利息や遅延損害金を受け取る金銭消費貸借契約を締結すると、５年以下の懲役または1,000万円以下の罰金に処せられます（懲役と罰金の併科もあります）。法外な利息や遅延損害金を定めた金銭消費貸借契約は犯罪となることに留意しなければなりません。なお、貸金業者（金融業者）がその業務として金銭を貸し付ける場合は、年利20%を超える割合の利息や遅延損害金を受け取る契約を締結すると、上記と同様の刑罰に処せられます（年利109.5%を超える割合は、さらに刑罰が重くなっています）。

■ 金銭借用証書サンプル

金銭借用証書

殿

借用金　金八拾萬円也

上記の金額を株式会社□□□□は、本日確かに次の約定により借り受け、受領しました。

一　上記の借用金の返済期日を令和○年○○月○○日とします。

一　利息は年□□%とします。

一　借用金およびその利息とも上記の借用金の返済期日までに貸主の住所に持参するか、または送付して支払います。

一　万一当方が本約定に違反した場合は、貸主からの通知催告がなくても当然に期限の利益を失い、直ちに元利金を支払います。

一　連帯保証人△△△△は、借主の本件債務について保証し、借主と連帯して履行の責を負うものとします。

一　（特約事項）

後日のための本証書を差し入れます。

令和○年○○月○○日

東京都○○区○○町○丁目○番○号
借主　株式会社□□□□
代表取締役　□□□□　印

Q **深夜・早朝の取立ては効果的なのでしょうか。法律の規制はないのでしょうか。**

A 債務者をつかまえて売掛金の早期回収を図るためには、債務者の事務所や工場などを訪問することも必要でしょう。この点、貸金業者による借金の取立てについては、貸金業法の規定によって、午後９時から午前８時までの間の取立てが禁止されるなど、さまざまな規制が設けられています。

しかし、売掛金の回収については、基本的に取立ての時間や方法などを制限する法令の規定がありません。ただし、民法484条２項に「法令又は慣習により取引時間の定めがあるときは、その取引時間内に限り、弁済をし、又は弁済の請求をすることができる」という規定があります。したがって、当事者間で「債務者は、○時から○時までは手が離せないので、一切の訪問を受け付けない」という慣習がある場合には、その時間内については、売掛金を回収するため、債務者の事務所などを訪問することはできないと考えるべきでしょう。

債務者の対応次第では、売掛金を回収するため、強圧的な言動をしなければならない場面も出てきます。しかし、債務者の名誉を傷つける発言など、社会的に相当性を欠くような言動を用いると、民法が規定する不法行為が成立し、債務者に対して損害賠償責任を負う可能性が生じます。次ページ図の「貸金業者がしてはならない行為」は、売掛金の回収にあたっても参考になりますので、行き過ぎた取立てをしないことが重要です。

●恐喝などの犯罪とならないように注意する

行き過ぎた売掛金の取立ては、民法上の不法行為が成立するにとどまらず、犯罪が成立する可能性もあります。特に成立する可能性のある犯罪が恐喝罪（刑法249条）です。

ただし、売掛金などの債権回収の場合は、一般的に成立する恐喝罪とは異なった問題があります。それは、債権者には債権回収をする権利があることと、債務者が失った財産はもともと債務者が債権者に対して支払うべきものではないかということです。

結論からいえば、債権回収について恐喝罪が成立する範囲は、一般的に成立する恐喝罪よりは少し狭くなるでしょう。一口では答えにくい問題ですが、債権回収という正当な目的を有する行為であることを踏まえて、債権回収を実現するにはどの程度までの行為が許されるか、債権回収の実現のために用いられた手段が必要であったか、被害者（債務者）の対応はどうだったか、ということを基礎にして、具体的に判断されることになります。

■（参考）貸金業者がしてはならない行為……………………………

- 正当な理由もなく、午後９時から午前８時までの間に取立てをすること
- 親族の冠婚葬祭時や罹災時など、不適切な時期に取立てをすること
- 暴力的な態度をとること
- 大声をあげたり、乱暴な言葉を使ったりすること
- 正当な理由なく、不適当な時間帯に、債務者宅に電話・FAXをしたり、債務者宅を訪問したりすること
- 貼り紙、落書き、その他いかなる手段であるかを問わず、債務者の借入れに関する事実その他プライバシーに関する事項などをあからさまにすること
- 正当な理由がないのに、債務者の勤務先を訪問したり、債務者の勤務先に電話・FAXをしたりすること
- 借金の処理に関する権限を弁護士に委任したとの通知や、借金の処理に関して調停その他裁判手続きをとったことの通知を受けた後に、正当な理由なく支払請求をすること
- 法律上支払義務のない者に対し、支払請求をしたり、必要以上に取立てへの協力を要求したりすること

Q 準消費貸借に切り替えると時効期間を延長できるというのは本当でしょうか。

A 支払ってもらえない売掛金などの債権は、準消費貸借に切り換えるという方法があります。金銭消費貸借は、お金の貸し借りのことですが、準消費貸借は、簡単にいえば、もともとはお金の貸し借りではなかったものを、お金の貸し借りをしたことにするという契約です。準消費貸借は、複数ある売掛金を一つの「借金」としてまとめたり、支払いの滞っている商品代金を「借金」に切り換えたりする場合に、よく利用されます。さらに、金銭消費貸借を別の金銭消費貸借に切り換えることも可能です。たとえば、債務者が借金の返済を滞らせており、延滞利息（遅延損害金）が発生している場合に、延滞利息を元本に組み入れて新たな消費貸借に切り換える場合が挙げられます。

また、手形法によると約束手形の振出人に対する権利は３年で消滅時効にかかりますが、これを準消費貸借に切り換えることで、民法上の債権として原則５年の消滅時効として扱われます。ただ、準消費貸借に切り換えても、基礎とされた債務（債権）が存在しない場合は、準消費貸借も効力を生じません。たとえば、基礎とされた売掛金が、実は支払済みのものであった場合などです。債権者としては、基礎とされた債権に関する書類などは、捨てずに保存しておく必要があります。

準消費貸借は、当事者が合意して、債務の原因を変更するものなので、当事者が反対していない限り、旧債務の抗弁などが新債務に引き継がれます。たとえば、売掛金に付いている同時履行の抗弁権（商品を渡さない限り代金を支払わないなどと主張できる権利）は、準消費貸借を結んだ後の新債務についても、特別の事情がない限り主張できます。

第3章

手形取引や担保・保証による回収法

1　手形取引の基本について知っておこう

信用で支払いを先に延ばすしくみ

手形には2種類ある

手形とは、商取引における決裁手段であり、一定の金額の支払いを約束したり、委託する有価証券です。手形法では、手形を約束手形と為替手形の２種類に分けています。

約束手形とは、手形の振出人が、一定の期日に、一定の金額を受取人に対して支払うことを約束した有価証券です。約束手形の振出しに関与しているのは、振出人と受取人です。為替手形とは、手形の振出人が、手形に記載されている金額の支払いを第三者（支払人）に委託し、受取人に対して支払ってもらうという有価証券です。為替手形の振出しに関与しているのは、振出人、支払人、受取人です。

手形を用いた取引は、すぐに現金が用意できなくても物品の購入が可能となることで、商機を逃さずにすむというメリットがあります。しかし、当座預金の残高不足などが理由で手形金の支払が滞ると、手形の不渡りに該当して、銀行取引停止というペナルティが課せられる場合があります。なお、手形の受取人は、他人に手形を譲渡することが可能です。後述する裏書譲渡は、裏書（手形の裏面に所定の必要事項を記入すること）をして手形を譲渡することで、手形法が規定している手形の譲渡方法です。

裏書人に請求できる

手形は、受取人から譲受人へと裏書譲渡され、何度かの裏書を繰り返した後、手形を所持している者（所持人）が、支払期日になったときに、振出人に対して手形金の支払いを請求するのが一般的です。

振出人が手形金を支払えない場合、所持人は、裏書をしたすべての裏書人に対して、手形金の支払を請求することができます。これを遡求権の行使といいます。裏書人が手形金を支払った場合は、それと引き換えに手形を受け取り、振出人や自己より前の裏書人に対して手形を呈示し、手形金の支払いを求めます。手形の裏書譲渡をするときは、自分も手形金を支払わざるを得なくなるリスクを十分に承知しておく必要があります。

■ 手形の決済と不渡り

実務上の手形の決済は、金融機関同士が手形交換所に手形を持ち寄って決済する方法がとられています。この際、取立てを依頼されている総額と、取り立てられる総額を決済して差額を算出します。その差額は「交換尻」と呼ばれ、各金融機関の日銀当座預金を経由して、金融機関同士の交換尻を互いに決済するしくみです。交換尻の決済が終了すると、振出人の金融機関は、呈示された手形について振出人の当座預金から手形金を引き落とします。

このときに残高不足で引落しができなければ、手形の不渡り（87ページ）となります。不渡りが生じると、金融機関から手形交換所へ

■ 手形取引の流れ（約束手形の場合）

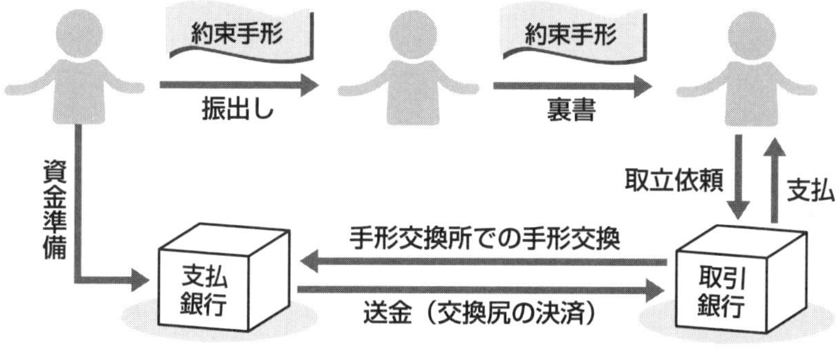

連絡され、手形交換所を通じて他の金融機関にも不渡りの事実が連絡されます。さらに、６か月以内に２回目の不渡りを出すと、銀行取引停止処分というペナルティが課されます。

手形貸付とは

手形貸付とは、金銭を借り入れる際に、借用書の代わりに担保として手形を差し入れることです。手形を差し入れた債務者は、返済期限に利息をつけて金銭を返済しなければなりません。その際、貸付金額が利息を加えても手形金額未満の場合には、手形金額から貸付金額と利息を差し引いた金額が債務者に返還されます。なお、利息制限法の上限利率を上回る利息を定めても、その超過部分は無効となります(74ページ)。

商業手形担保貸付とは

金融機関が多数の小口の商業手形（商取引の代金決済のために振り出される手形のこと）を割り引く手間を省くための制度が商業手形担保貸付です。商業手形担保貸付は「商担手貸」と呼ばれており、金融機関が小口の商業手形をまとめて担保とし、現金の貸付けを行うことです。

商業手形担保貸付では、担保に出す手形の他に、金融機関を受取人とする約束手形を振り出さなければなりません。金融機関は担保とした手形の決済で入金した分を貸付金額の回収に充当します。そして、全額が返済された時点で約束手形を戻します。

売掛金・未収金の手形化

売掛金や未収金を手形で受け取るのは、以下の４点において、債権を管理・回収する上で便利な面があります。

①　支払いの確実性が増す

手形を決済できないと不渡りとなり、６か月以内に２回続くと銀行取引が停止され、事実上の倒産状態に陥ります。この状況にならないため、債務者は手形を決済できるように努力します。

② 取立てが簡単な手続ですむ

手形であれば、債権回収は取引銀行に取立てを依頼するだけでよいので、取立ての手続が簡単です。

③ 訴訟手続きも簡単にできる

手形が不渡りになり訴訟を提起するに至っても、手形訴訟（149ページ）という簡単な手続きで解決できます。早ければ、訴訟の提起から３か月程度で判決を得ることもできます。

④ 簡単に譲渡や現金化ができる

手形は、裏書によって他人に譲渡できます。支払期日前であっても、金融機関に割引を頼めば、手形の現金化ができます。ただし、譲渡や割引後に手形が不渡りになった場合は、所持人などから遡求権の行使を受ける場合があることに注意が必要です。

決済を確実にするには回り手形が有効な手段

前述した④の利便性から、回り手形にしてもらうことで、より確実な手形の決済が可能になります。**回り手形**とは、第三者が振り出した後、取引先が裏書をして自らに譲渡した手形です。反対に、取引先が自らに振り出した手形を**単名手形**といいます。

回り手形にしてもらうことで、裏書人である取引先が倒産しても、振出人である第三者に対して手形金の支払請求ができます。回り手形を振り出してもらうときは、第三者に決済をするだけの資力があるかことを確認するのが重要です。第三者が無資力であっては回り手形にする意味がないからです。なお、単名手形であっても、第三者に手形保証もしくは裏書をしてもらうことで、振出人である取引先が倒産しても第三者が支払責任を負うことになるため、回り手形と同じような効果が得られます。

Q 資金繰りに困っているときに振り出してもらう融通手形について教えてください。

A たとえば、資金繰りに困っているものの、自分には信用がないため手形を振り出すことが困難なＢにお金を貸してあげる手段として、ＡがＢに対して手形を振り出す場合、このようにして振り出された手形を**融通手形**といいます。Ａから手形の交付を受けたＢは、その手形を誰かに譲渡するか、銀行で割り引いてもらうことで、現金を得ることができます。

その後、Ｂ（受取人）は、Ａ（振出人）が責任を負わないようにするため、満期においてお金を融通手形の所持人に支払うことになります。しかし、自分に信用がないため他人に手形を振り出してもらった人が、お金を用意して支払いができるとは限りません。Ｂが融通手形の支払資金を作るため、さらに別の人から融通手形を振り出してもらうケースもあり、結果的に手形金額がＢの返済能力をはるかに超えた金額になることもあります。そのため、銀行では融通手形だと判明すると、手形割引に応じないことも多いようです。

資金繰りに苦しくなった債務者が、知り合いの業者と手を組んで融通手形を振り出す可能性もあり、その場合は手形金の回収が困難になることも考えられます。そのため、債権者としては、支払いのために呈示された手形が融通手形かどうかを見抜かなければなりません。融通手形かどうかを判断するポイントとして、振出人と受取人の間に手形を振り出すような取引関係があることが考えにくい場合は注意が必要です。債務者の資金状況から考えて手形金額が大きすぎる場合も注意しなければなりません。振出日や支払期日、支払場所（銀行名）などに不審な点があるときも気をつける必要があります。

2 手形ジャンプと不渡りについて知っておこう

手形ジャンプと引き換えに遅延利息・保証・裏書を要求する

手形のジャンプとは

親しい取引先や大口の取引先が、すでに発行している手形の満期日（支払期日）の延期を求めてくることがあります。手形の満期日を延期すること、つまり手形金の支払を先延ばしすることを**手形ジャンプ**といい、所持人が手形を呈示する前に行われます。

手形ジャンプには２つの方法があります。１つは手形に書かれている満期日を訂正する方法です。満期日を訂正する場合は、振出人や所持人だけでなく、すべての裏書人の訂正印も必要です。もう１つは新しい満期日を記載した手形を新たに振り出す方法で、手形の書換えと呼ばれています。手形の書換えをすると、旧手形の裏書人に対しては遡求ができなくなります。

手形ジャンプが行われるのは、次の手形を決済するための資金繰りがつかないためで、手形ジャンプの依頼者は１か月以内に倒産する危険性が高いといえます。もっとも、こちらの取引額が少額であれば、手形ジャンプに応じないで手形の取立てを強行すると、手形が決済できることもあります。これは、他の大口債権者が手形ジャンプに応じてくれたことから、小口債権者の手形が決済できる状態になったためです。冷静な判断が必要になる場面といえるでしょう。

あらかじめ情報を入手する

手形の所持人としては、振出人の経営状態についての情報をあらかじめ入手することが大切です。たとえば、取引先の約束手形について、その発行残高の推移が判明すれば、危険な兆候をキャッチできるでしょう。現金決済が可能な企業であれば、約束手形の発行残高はゼロに近いことが多いですが、資金繰りが苦しくなると、約束手形の支払期日を延長してきます。そのため、約束手形の発行残高は多くなります。

その他、売上規模に比較して不相当に多額な約束手形の発行残高があるときは、融通手形を交換して、資金繰りをしのいでいる可能性が高いといえます。事前にどれだけ確実な情報を収集できるかがポイントだといえるでしょう。

■手形ジャンプの原因を把握する

手形債務者である振出人から手形ジャンプを依頼された場合、手形債権者である所持人としては、手形ジャンプの原因を把握しなければなりません。

まず、振出人に支払意思の有無や支払可能な日時を問う必要があります。振出人の資産状況を確認し、手形金の回収ができる方法を探します。振出人に手形金の支払いを約束させ、それを公正証書（69ページ）にしておくなどの準備も怠らないようにします。

保証人をつけるか担保の提供を求めることも重要です。公正証書の作成についても、新たな支払いの約束を守らなかった場合に強制執行などの手続きがとれるように準備します。

手形ジャンプの要請は原則として断るべきです。ただ、手形ジャンプの原因が一時的なものであれば、これに応じても問題ないかもしれません。むしろ今後の付き合いも考えて、支援することによって恩を売ることもできます。ただ、経営の実態が赤字続きで将来的にも改善の見込みがなければ、今後の取引停止も含めて検討しなければなりません。その際は、振出人との関係、振出人を支援する銀行の存在などを考慮するとよいでしょう。

手形の不渡りとは

手形の不渡りとは、簡単に言うと、手形の呈示がなされたにもかかわらず、手形金が支払われないことです。手形の所持人は、支払呈示期間（満期日とそれに続く２取引日のこと）になると、自己の取引銀行に手形を呈示することで、手形金の取立てを依頼することができます。

しかし、手形の最終の所持人から手形金の取立てを依頼された銀行が、手形交換所で手形を呈示したにもかかわらず、支払いが拒絶されることがあります。支払拒絶の原因が振出人の当座預金の残高不足にあった場合には、その手形は不渡りとなります。

もし、一度不渡りを出してから６か月以内に再び同じ振出人が不渡りを出すと、その振出人は**銀行取引停止処分**（不渡処分）を受けます。この処分を受けると、２年間、手形交換所に加盟するすべての金融機関との間で当座勘定取引と貸出取引を行うことができなくなります。つまり、不渡処分を受けるということは、その会社の事実上の倒産を意味することになります。

振出人が支払えない場合

手形が不渡りとなった場合、所持人は、振出人だけでなく、裏書人に対しても手形金の支払請求ができます。

手形ジャンプのしくみ

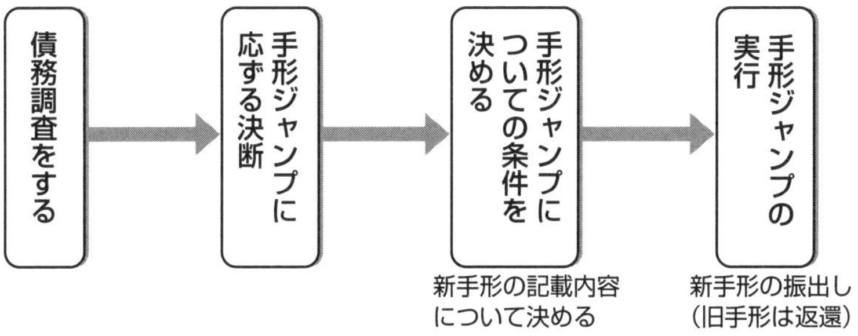

所持人は、手形金を支払ってもらうため、支払呈示期間に手形を呈示します。しかし、手形が不渡りになると、呈示した手形に不渡りになった事実と、その理由が記載された付せん（不渡付せん）がついて戻ってきます。

所持人の側に問題があって手形が不渡りになることもありますが、振出人の資金不足が不渡りの原因であって、手形に裏書人がいる場合には、所持人は、裏書人に対して手形金の支払請求ができます。これが**遡求権の行使**です。所持人が遡求権を行使するためには、手形を呈示した日に次ぐ４取引日以内に、自己の裏書人に対して不渡りの事実を通知する義務を負います。この通知を不渡り通知といいます。不渡り通知をしなくても遡求権の行使は認められますが、通知をしなかったために裏書人が不利益を被った場合、所持人が遡求権を行使できる金額が減る可能性があります。

所持人が不渡り通知を行う裏書人は、自己の裏書人（原則として所持人に手形を交付した相手方のこと）です。不渡り通知をした所持人は、裏書人に対して手形金の支払請求をします。裏書人が複数いるときには、所持人は、自分の直前の裏書人に遡求権を行使してもかまいませんし、それより前の裏書人に遡求権を行使してもかまいません。遡求権の行使を受けた裏書人は、所持人に対して手形金を支払わなければなりません。裏書人が所持人に対して支払う金額は、手形金額だけでなく、満期日以降に生じた利息や不渡り通知に要した費用なども加えたものとなります。

もし裏書人が支払いを拒絶した場合には、所持人としては、手形訴訟（149ページ）の提起を検討することになります。

■再遡求権の行使

所持人による遡求権の行使に応じた裏書人は、今度は自己より前の裏書人や振出人に対して、手形金の支払請求をしていきます。これを

再遡求権の行使といいます。このように、手形が不渡りになると、順次、遡って手形金の支払請求が行われていき、最終的には振出人が支払請求を受けることになります。

早く動いた者が有利である

取引先が手形の不渡りを出すかもしれないという情報が入ってきたら、取引先の役員（代表者を含みます）もしくは担当者に対して、経営状況を直接聞くようにします。結果的に情報が間違いだった場合を除いて、このような状況になったら、直ちに商品を引き揚げるなどの回収行動をとらなければなりません。

① **情報を収集する**

状況確認と会社と役員の資産内容を具体的に調べます。

② **自社商品を引き揚げる**

書面で取引先の同意をとった上で行うようにしましょう。自社に商

■ 手形の呈示から不渡りまでの流れ（振出人の残高不足の場合）…

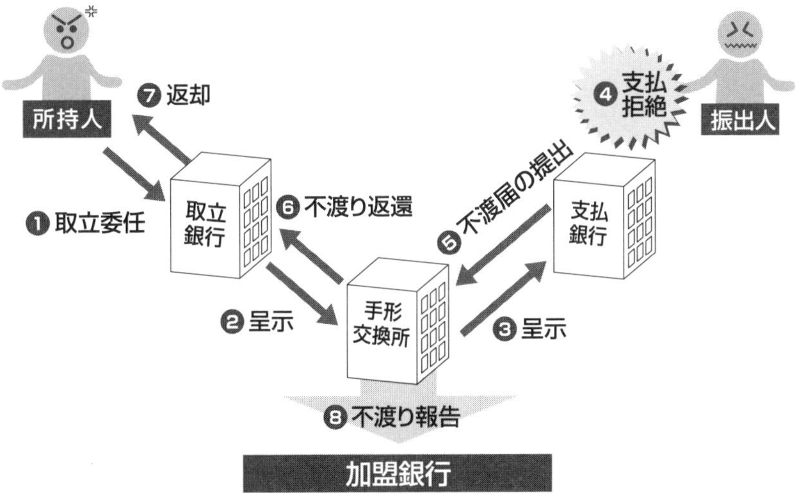

品の所有権がない場合は、返品扱いにしてもらいます。出荷途中の商品がある場合は、すぐに出荷を中止します。新規出荷の停止の手配もただちに行うようにします。

③　他社商品を引き揚げる

書面で取引先の同意をとった上で、他社の商品を引き揚げます。

④　債権を譲り受ける

取引先が顧客に対して有する売掛金は残っている可能性が高いですから、この売掛金を自社に譲渡してもらい、その日のうちに必ず配達証明付内容証明郵便（131ページ）を用いて、顧客に対して債権譲渡通知を行うようにします。

一刻を争いますから、債権譲渡契約書と債権譲渡通知書を、譲渡対象債権を空欄にして持参する程度の準備が必要です。なお、債権譲渡は、あくまで担保としてとるべきで、代物弁済ではないことを明示しておくようにします。

⑤　現金などでの回収を図る

手持ちの現金を受けとったり、受取手形に裏書してもらったりします。

⑥　代物弁済を受ける

代物弁済とは、債権者と債務者との合意に基づき、債務者が本来の給付とは異なる給付をすることで、債務を消滅することができるとするものです。

⑦　債務引受を依頼する

債務引受とは、第三者が、債務者の代わりに、あるいは債務者と共に、債務を引き受けることです。たとえば、第三者が債務者である取引先と共に債務を引き受けること（併存的債務引受といいます）は、債務の保証を受けたのと同様の効果があります。

3 担保の特徴について知っておこう

人的担保と物的担保の違いを知っておく

担保とは何か

金融機関が多額の融資をする場合は、相手方（借主）から確実に回収できるようにするため、融資に際して何らかの担保をとるのが取引社会の常識です。その他には、継続的に原材料や商品を仕入れるような取引をする場合も、相手方（買主）から確実に回収できるようにするため、相手方が支払義務を負っている売掛金について担保をとることがあります。相手方が倒産した場合は、一般債権者（担保をとっていない債権者のこと）よりも、抵当権（99ページ）などをもつ担保権者が優先して債権を回収できるからです。このように、契約の相手方が倒産するなどして、融資や売掛金などの支払が困難になった場合に備える手段として、**担保**の制度が活用されています。

なお、担保がついている債権のことを**被担保債権**と呼びます。被担保債権は、貸金債権（融資）、売買代金（売掛金）、請負代金などの金銭債権であるのが通常です。

人的担保と物的担保

金銭債権などを担保するための制度として「保証」制度があります。たとえば、金銭を貸している債権者は、債務者本人が支払わないときに、保証人という第三者から支払ってもらうことができるという制度です。保証は、保証人という「人」の財産を担保とする制度であることから、**人的担保**と呼ばれます。保証には、通常の保証（単純保証）と連帯保証があります。両者には、以下の①②③が保証人（通常の保証における保証人）には認められるのに対し、連帯保証人（連帯保証における保証人）には認められません。

①　先に債務者への請求を求める権利（催告の抗弁権）

②　先に債務者の財産への執行を求める権利（検索の抗弁権）

③　保証人が複数いる場合は、その人数で分割した金額のみを支払えばよい（分別の利益）

したがって、保証よりも連帯保証の方が債権者にとって効力が強いため、実務上は連帯保証が設定されるのが通常です。

債務者以外の第三者の財産が担保となる保証に対して、債務者本人または第三者のもつ特定の財産を担保とする制度があります。代表的なのは土地や建物を担保とする抵当権です。その他にも、根抵当権、質権、譲渡担保、仮登記担保などがあります。これらは、債務者本人や第三者の特定の財産という「物」を担保とすることから、**物的担保**と呼ばれます。物の価値はある程度一定していますので、担保としては確実性・堅実性があるといえます。

物的担保は、後述する留置権（105ページ）など法律上当然に担保権が発生する法定担保物権と、抵当権や質権など当事者間の合意（契約）によって担保権が発生する約定担保物権に分けられます。さらに、法律に規定のない非典型担保物権もあります。

■人的担保と物的担保の長所と短所

人的担保は、物的担保と比べると簡単に設定できるため、債権者としては、債務者の資力に不安がある場合は、保証人を複数人立てさせることにより、債権回収を確実にすることができます。もっとも、保証人の資力があるかどうかによって、確実に債権を回収できるかどうかが決まるため、物的担保と比べて担保としては不確実であるという短所があります。これに対し、物的担保の長所は、他の債権者に優先して債権の回収を実現できる点にあります。たとえば、債権者が債務者の土地に抵当権を設定しておけば、他に一般債権者が多数存在しても、抵当権を持っている債権者が優先して配当を受けることができるからです。この場合、一般債権者は、優先配当後の残額から債権額に応じて配当を受けることになります。

ただ、物的担保を主張するためには、原則として、その存在を登記などで公示しておく（一般の人が知ることのできる状態に置いておく）必要があります。また、強制執行（162ページ）の場面でも、差押え・競売などの法的手続きが要求されます。

このように、物的担保は強い効力がある反面、煩雑な手続きが要求されるのが短所だといえます。もっとも、手続きさえ踏んでいれば一般債権者に優先するため、債権者としては、債権回収を確実に図るには物的担保の設定が望ましいといえるでしょう。

■ 各制度の長所と短所

	長　所	短　所
人的担保（保証）	当事者の契約で簡単に設定できる	保証人の資力に左右されるため、担保として不確実
物的担保（抵当権など）	他の債権者に優先して弁済を受けられる	手続きが煩雑である

■ 物的担保と人的担保

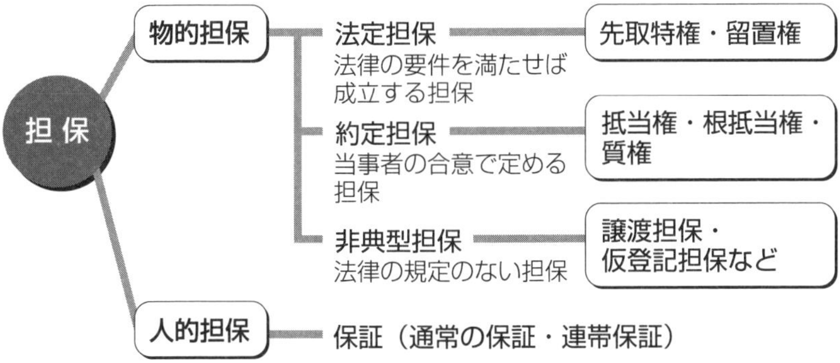

4 保証契約について知っておこう

債務者が弁済できないときに支払うことになる

保証とは

保証とは、債務者（主たる債務者）が債務（主たる債務）が返済されない場合に、債権者が保証人に保証債務（債務者に代わって返済するという債務）の履行を請求することで債権の回収を実現する制度です。保証には普通の保証と、普通の保証よりも保証人の責任が重い連帯保証があります。

保証は、保証人という「人」の財産を担保とする制度であることから「人的担保」とも呼ばれ、金融機関による事業資金の融資、マンションなどの賃貸、住宅ローンや奨学金の借入れなどに際して広く利用されています。ただ、保証制度は、保証人の全財産を債務の引き当てとすることから、債務者が自らの債務を履行しない場合には、保証人が多額の債務を肩代わりするなど、過大な負担を強いられることが問題点として指摘されています。

保証債務の特徴

保証債務には、以下のような特徴があります。

① **独立性**

保証人が負担する保証債務は、主たる債務とは別個の債務であることを保証債務の独立性といいます。保証をする場合は、債権者と保証人の間で契約を結びます（保証契約）。債務者と保証人との間で保証契約を結ぶわけではありません。

② **付従性**

保証債務は主たる債務の担保が目的ですから、主たる債務がなければ成立せず、主たる債務が消滅すれば保証債務も消滅します。これを保証債務の付従性といいます。なお、保証契約締結後に主たる債務が加重されても、保証債務はその影響を受けず、保証債務が主たる債務に伴って加重されることはありません。

③　随伴性

保証債務は主たる債務の担保が目的ですから、主たる債務が移転するときは、保証債務もいっしょに移転します。これを保証債務の随伴性といいます。

④　補充性

保証人は、主たる債務者が債務を履行しない場合に、初めて保証債務を履行すればよいことを保証債務の補充性といいます。具体的には、保証人が、債権者からの請求に対して、まず主たる債務者に請求せよという催告の抗弁権と、まず主たる債務者の財産に執行せよという検索の抗弁権をもっていることを意味します。

⑤　書面性

保証債務の効力が生じるためには書面の作成が必要です。口約束だけでは効力が生じません。

■ 保証と連帯保証の違い

	普通保証	連帯保証
主債務が消滅した場合	保証債務も消滅する	連帯保証債務も消滅する
主債務の時効更新	保証債務の時効も更新する（付従性）	連帯保証債務の時効も更新する（付従性）
催告の抗弁権の有無	ある	ない
検索の抗弁権の有無	ある	ない
保証人の分別の利益	ある	ない

＊ 分別の利益とは、保証人が数人いる場合、各保証人は、債務額を平等に分割した額についてだけ、保証債務を負担すること

個人保証とは

個人保証とは、企業が金融機関から融資を受ける場合に、経営者やその家族、知人などの個人が、企業の融資を保証する制度です。企業の財産は少ないものの、経営者などの個人には一定の財産がある場合によく利用されます。

個人保証については、企業が支払不能の状態に陥ると、特に根保証（98ページ）の場合に、保証人である経営者などが高額な保証債務を負担させられる可能性のあることが問題点として指摘されています。ただ、個人保証を全面禁止すると、金融機関の貸し渋りや債務者の負担増大（利息上昇など）が懸念されることから、個人保証を認めつつも保証人を保護する規定を置いています。

融資の保証人には契約前に公正証書を作成してもらう

民法では、事業のために負担した「貸金等債務」（融資のことを指すと考えてよいでしょう）を保証する個人や、事業のために負担した貸金等債務を含む債務を根保証する個人に対し、契約締結日前１か月以内に、保証債務を履行する意思（保証意思）を確認する公正証書の作成を義務づけています。このような公正証書の作成義務が生じる場合には、事前に作成しないまま保証契約や根保証契約を締結しても無効になります。したがって、融資の保証人との間で保証契約や根保証契約を結ぶときは、事前に打ち合わせを行い、保証人に公正証書を作成してもらうことが重要です。

ただし、主たる債務者である企業の取締役や過半数の株式保有者など、一定の関係にある個人が保証人となる場合（経営者保証）は、例外的に事前の公正証書の作成が不要です。また、事前の公正証書の作成は、融資の保証人となる者に要求されるため、売掛金などの保証人になる者には、公正証書を作成してもらう必要がありません。

契約前に債務者が保証人に情報提供をすべき場合

主たる債務者は、事業のために負担する債務を債務者から委託を受けて保証する個人や、事業のために負担する債務を含む債務を債務者から委託を受けて根保証をする個人に対し、主たる債務者の財産の状況などの情報を提供する義務を負っています。

この情報提供義務は、事業のために負担する債務であれば、融資に限らず、売掛金なども含むのが特徴です。そして、情報提供義務に債務者が違反すると、保証人によって保証契約や根保証契約が取り消される可能性があります。たとえば、売掛金に関する保証契約の相手方（保証人となる者）が、主たる債務者である取引先から依頼された個人である場合は、その取引先に対して情報提供義務を果たしているかどうかを確認することが重要です。

主たる債務者に保証料を支払ってもらう

保証契約の締結は、保証人と主たる債務者との特殊な信頼関係に基づいて行われます。保証人は無償で保証契約を結んでいると思っている人もいるかもしれませんが、そうではありません。

特に保証人が破産手続開始の決定を受けた場合、破産手続開始の申立て前に行われた無償行為が無条件で否認（債権者に損害を与えたり一部の債権者だけに返済したりする行為を破産管財人が否定すること）されることがあります。このような否認を防ぐためにも、主たる債務者から保証人に保証料を支払ってもらい、保証を有償行為にしておくとよいでしょう。

連帯保証の特徴

前述したように通常の保証債務には補充性があり、保証人は催告の抗弁権や検索の抗弁権の行使が可能であるため、売掛金などの債権者にとって必ずしも都合のよいものではありません。通常の保証債務の場合、第一次的に責任を負うのは債務者で、保証人の責任は副次的なものです。そこで、債権者は債権回収を確実にするため、これらの抗弁権を行使できない（補充性がない）保証債務を利用しています。これを**連帯保証債務**といいます。

連帯保証債務を負担する保証人に対し、債権者は、主たる債務者に請求などをしなくても、売掛金などの支払請求ができるため、債権者にとっては都合がよいといえます。そのため、売掛金などについて誰かに保証してもらうことを考える場合には、通常の保証ではなく連帯保証を選択するのが一般的です。

■根保証とは

根保証とは、特定の債権者との継続的な取引関係から生じる、一定の範囲に属する不特定の債務を保証する契約です。

同じ債権者と債務者との間でも、原則的には、一つの債権が発生するごとに一つの保証契約を結び、債権の消滅後に新たな債権が発生したら再び保証契約を結ぶ、という煩雑な作業が必要になります。そこで、継続的な取引関係においては、日々変動する取引上の債務（一定の範囲に属する不特定の債務）をまとめて保証することが有用であり、この場合の保証が根保証に該当します。

根保証は、一回の契約で将来にわたって発生する複数の債務（複数の売掛金や融資など）を保証することから、債権者にとっては都合のよい契約である一方で、保証人は過酷な負担を強いられる可能性があります。民法では、貸金等債務を含む根保証に限定されず、個人が保証人となる根保証に関する契約を「個人根保証契約」と名づけて、書面で極度額（保証限度額）を定めない個人根保証契約は無効とする規定を設けています。したがって、通常の保証や連帯保証が個人根保証契約に該当するときは、必ず極度額を定めることが重要です。

5 抵当権と根抵当権について知っておこう

物的担保の代表格

抵当権とは何か

抵当権とは、貸金（融資）や売掛金などの金銭債権を担保するために、債務者もしくは第三者の土地や建物に設定される権利です。債務者が債務を弁済しない場合、抵当権者（債権者）は、抵当権設定者（債務者もしくは第三者）の土地や建物を金銭に換えるために競売にかけて、その代金から債権の回収を図ることができます。これを抵当権の実行といいます。

抵当権設定後も、抵当権の設定を受けた土地や建物を、その所有者（債務者もしくは第三者）は引き続き使用収益することができます。しかし、債務者が債務を弁済しないときに、その土地や建物から弁済資金を得ることができる、という性質を持っているのが抵当権です。抵当権は「担保の女王」と呼ばれており、債権回収の実務上、利用される頻度の多い担保物権です。

抵当権の効力

抵当権の設定は当事者の合意で成立しますが、それだけでは第三者に対して抵当権の存在を主張することができません。第三者にも抵当権の存在を主張するためには、抵当権設定登記を行うことが必要です。抵当権設定登記があることで、抵当権の設定された不動産（土地や建物）が他人に売却されても、その不動産に対する抵当権の効力がその他人のもとにも及びます。

抵当権の一番重要な効力が**優先弁済権**です。優先弁済権とは、債務者が弁済しないときに、抵当権の設定された不動産を競売にかけて、その代金から他の債権者に優先して債権の弁済を受けることができるという効力です。

その他にも、抵当権には**物上代位**という効力も認められます。物上代位とは、抵当権が設定された不動産に代わる金銭（売却代金や賃料など）にも抵当権の効力が及ぶというものです。

抵当権の設定と消滅

抵当権は、売掛金や貸金債権などを担保するために設定し、抵当権で担保される債権のことを被担保債権といいます。

たとえば、ＡがＢに5000万円の貸金債権を持っている場合において、Ｂ所有の土地に抵当権を設定するためには、ＡＢ間で抵当権設定契約を締結し、抵当権設定登記をします。その結果、Ａは5000万円を被担保債権とする抵当権をＢに対してもちます。

その後、5000万円全額が弁済された場合に、Ａがもっていた抵当権が消滅します。

第三者の不動産への抵当権の設定もできる（物上保証）

物上保証とは、債務者以外の第三者が所有する不動産に抵当権を設定することです。たとえば、ＡのＢに対する5000万円の貸金債権（Ｂから見ると貸金債務）を担保するため、借主であるＢ所有の不動産に抵当権を設定するのではなく、第三者Ｃが所有する不動産に抵当権を設定する場合です。Ｃのように他人の債務を担保するため、自己の不動産に抵当権を設定させる者を**物上保証人**といいます。Ｂが貸金債務を弁済しない場合には、ＡがＣの不動産を競売にかけて、その代金から自己の貸金債権を優先的に回収することができます。なお、会社の債務を担保するため、経営者が自己の不動産に抵当権を設定することが多いですが、この場合は経営者が物上保証人となります。

複数の不動産への抵当権の設定もできる（共同抵当）

共同抵当とは、１つの債権を担保するため、複数の不動産に抵当権を設定することです。たとえば、ＡがＢに5000万円の貸金債権をもっている場合、Ｂが所有する甲不動産の評価額が3000万円、乙不動産の評価額が2000万円とすれば、甲地・乙地の単独では貸金債権の担保として金額が不足します。しかし、甲地と乙地に「共同抵当」を設定すれば、合計5000万円の評価額となり、貸金債権を担保するのに十分な金額になります。

根抵当権とは

根抵当権とは、一定の範囲に属する不特定の債権を極度額（限度額）まで担保する形式の抵当権です。

通常の抵当権は、被担保債権が１つに特定されており、その債権を担保するために設定され、被担保債権が消滅すれば、抵当権も消滅します。これに対し、根抵当権は、一定の範囲に属する債権であれば、複数の債権を**極度額**に至るまで担保することができます。そして、被担保債権の金額がゼロになっても、根抵当権は消滅しません。根抵当

抵当権とは

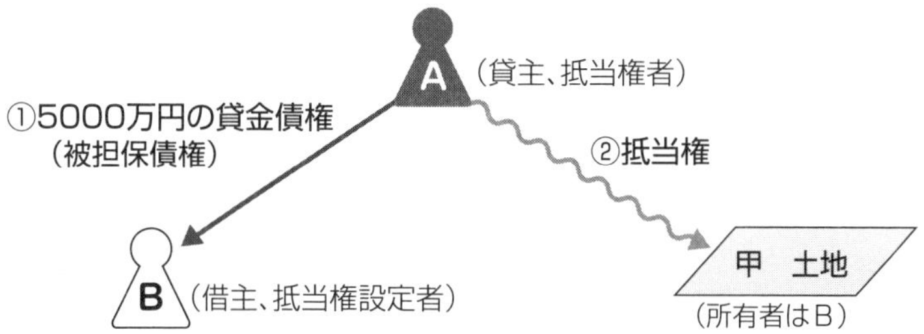

ＡＢ間で①金銭消費貸借契約（融資契約）と②抵当権設定契約を結ぶ。Ａを「抵当権者」、Ｂを「抵当権設定者」、5000 万円の貸金債権を「被担保債権」という。

権は、極度額という「枠」を設定して、その枠内であれば、個々の債権が発生・消滅して入れ換わることのできる権利だということができます。

根抵当権は、継続的な取引をしている場合において、債権者が債務者に対する売掛金や融資などの債権を一括して担保するのに有益な制度です。

根抵当権を設定する場合の注意点

根抵当権は、債務者に対する債権であれば何でも担保できるわけではありません。一切の債権を担保するという包括的な定めはできません。ある「範囲」を決めて、その範囲に属する債権であれば、個々の債権が発生・消滅して入れ換わっても、根抵当権によって担保されます。

たとえば、A社とB社が継続的に取引をしており、A社がB社に対して常に売掛金債権をもっているとします。そして、個々の売掛金債権が発生・消滅によって入れ換わる場合には、根抵当権で担保される債権の範囲（被担保債権の範囲）を「令和○年○月○日継続的商品供給契約」などと決定し、その契約から生じる個々の債権を被担保債権とすることを根抵当権設定登記の内容とします。

そして、根抵当権は、債務者もしくは第三者の不動産に対して担保の「枠」を設定するものなので、その上限（極度額）も根抵当権の設定に際して決めなければならず、極度額も根抵当権設定登記の内容となります。根抵当権には極度額が設定されますが、実際の被担保債権は常に変動しており、担保される債権は一定の範囲のものに限定されます。したがって、根抵当権の設定に際しても「被担保債権の範囲」と「極度額」を定めることが必要で、それらが登記事項とされているのです。また、被担保債権を特定するためには、債務者が誰かがわからなければならないため、債務者も登記事項とされています。

以上の極度額、被担保債権の範囲、債務者は、どれも根抵当権設定登記に必ず記載しなければならない事項となります。

元本を確定する

根抵当権は元本の他、利息や遅延損害金などをあわせて極度額まで担保します。根抵当権者（債権者）としては、元本は一定の事由があると確定し、元本が確定すると、その後に発生した債権が根抵当権によって担保されなくなることに注意を要します。

元本の確定が生じる主な事由として、根抵当権設定時に定めておいた元本確定期日の到来が挙げられます。これに対し、元本確定期日を定めていないときは、根抵当権者や根抵当権設定者が元本確定請求をした場合に元本が確定します。

根抵当権者は、いつでも元本確定請求をすることができ、根抵当権設定者は、根抵当権を設定した日から３年を過ぎると元本確定請求をすることができます。ただ、根抵当権設定者の場合、元本が確定するのは、元本確定請求時から２週間後になります。

なお、元本確定期日を定めている場合は、元本確定請求を行うことができません。

根抵当権とは

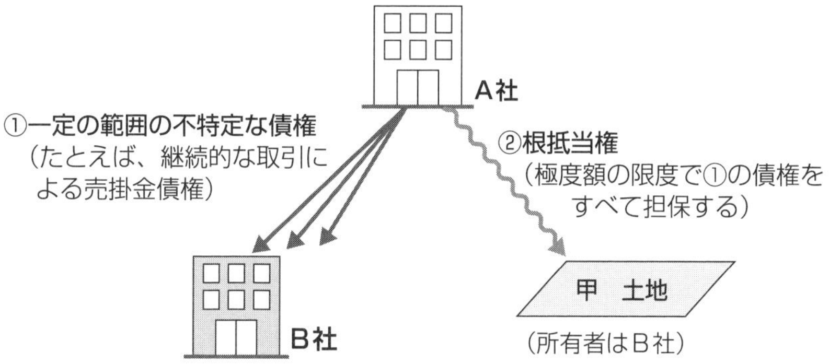

6 その他の担保について知っておこう

質権には３種類がある

動産質では物を預かることが必要

質権は、債権者が自己の債権（被担保債権）を担保するため、債務者の物を預かる形式の担保物権です。債務者（質権設定者）が債務を弁済しない場合、債権者（質権者）は、質権を設定した債務者の物（質物）を競売にかけて債権を回収します。

質権は、質物の種類によって、動産質・不動産質・権利質に分けられます。質権の多くは動産質です。動産質を主張するためには、質権設定の合意をするだけではなく、債権者が債務者から質権を設定する物を実際に預かることも必要です。

権利質とは、債務者が持っている財産権を質入れするもので、このうち貸金や売掛金などの債権を質入れするのが債権質です。具体的には、債務者が第三者（第三債務者）に対して持っている債権を質権の目的とするのが債権質です。たとえば、ＡがＢに対して売掛金債権、ＢがＣに対して貸金債権をもっている場合、ＡがＢに対する売掛金債権を担保するため、ＢのＣに対する貸金債権を目的として、Ｂとの間で質権設定契約を結ぶ場合です。

債権質は、質権の目的である債権を、質権者が直接取立てを行えるのがメリットです。債権質は質権設定の合意だけで成立しますが、第三者に主張するためには、通知・承諾などの債権譲渡の対抗要件を備えることが必要です。なお、譲渡に証書の交付が必要なものを質権の目的とする場合は、質権者に証書を交付することで成立します。

不動産質は、不動産を質入れするものですが、実務上、ほとんど利用されていません。

留置権とは

たとえば、腕時計を販売店に修理に出した場合、修理代金が5000円だとします。販売店は、修理代金が支払われるまで、修理のために預かった腕時計の返還を拒む（留置する）ことができます。このように販売店が腕時計の返還を拒むのは、留置権という担保物権に基づきます。留置権は、債務の弁済が完了するまで、その債務に関連する目的物を返還しないことで、債務の弁済を促そうとするもので、債権回収を間接的に実現するものといえます。留置権は、当事者間で担保を設定する合意がなくても、当然に発生します。

留置権とよく似た制度として**同時履行の抗弁権**があります。これは簡単に言えば、売買の当事者間で「商品は代金の支払いと引き換えでなければ引き渡さない」という主張のことです。

■ 債権質 ……………………………………………………………

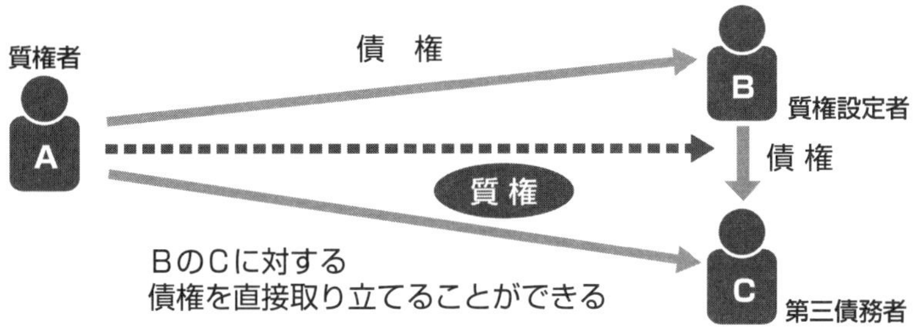

■ 留置権 ……………………………………………………………

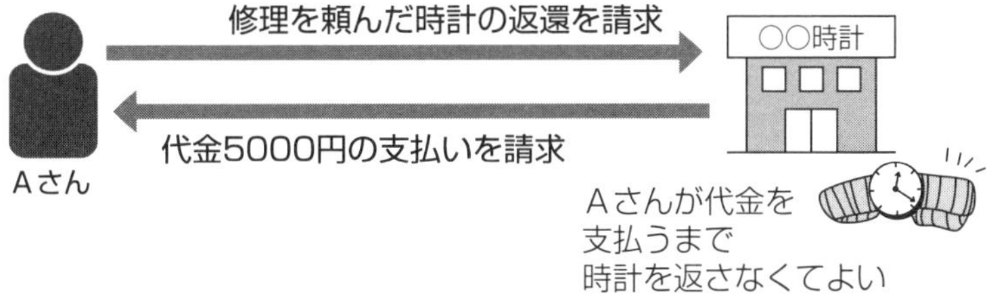

留置権も同時履行の抗弁権も、当事者間の公平を考えてできた制度ですが、同時履行の抗弁権は、契約当事者間でしか主張できないのに対して、留置権は、契約当事者以外の第三者にも主張できるという点で違いがあります。

もっとも、留置権は目的物を占有（留置）することで債権の弁済を確保する制度なので、いったん目的物の占有を失うと留置権が消滅してしまう点に注意が必要です。

先取特権の種類はたくさんある

先取特権《さきどりとっけん》とは、債権者が他に先だって債権回収をすることを認める制度です。特に優先的に弁済させる必要が高い債権が成立した場合に、その弁済を確保するため、法律上当然に債務者の目的物に担保物権（先取特権）が成立することを認めたものです。

先取特権が成立する債権は民法で規定されています。たとえば、雇用契約における給料は、労働者の生活を支える重要な債権ですので、使用者が破産した場合であっても、他の債権者に優先して配当を受けることが認められます。先取特権は、①債務者の総財産（すべての財産）を担保とする一般先取特権（給料のケースはこれにあたります）、②特定の動産を担保とする動産先取特権、③不動産の保存・工事・売買から生じた債権を担保するためその不動産を担保とする不動産先取特権の３つに分類されます。

動産先取特権は、後述する動産売買の先取特権などが取引実務でも活用されています。しかし、不動産先取特権を取得するためには、一定の時期までに不動産の登記をすることが必要とされ、手続きが面倒なのであまり活用されていないようです。

先取特権の物上代位とは

先取特権は、目的物が第三者に譲渡された場合や、目的物が滅失した場合は行使できなくなります。しかし、たとえば、目的物が滅失した結果、債務者が保険金を取得するときは、その保険金を差し押さえることで、その保険金から優先的に弁済を受けることができます。これが**物上代位**です。

売掛金回収には動産売買の先取特権を検討する

売掛金を回収する場合は、動産売買の先取特権を検討します。動産売買の先取特権とは、動産を売り渡したときに、その動産から優先的に売買代金の弁済を受けることができる権利です。

優先的に売買代金の弁済を受けるためには、動産を競売にかけることが必要です。競売の申立てをするときは、債権者が執行官に対して動産を提出すること、あるいは債権者が執行官に対して文書（動産の占有者が差押えを承認する内容を記載した文書のこと）を提出することが必要です。債権者（売主）としては、特に高額な物品の売買契約を結ぶときは、あらかじめ物品の差押えを承諾する内容を記載した文書を受けとっておくとよいでしょう。

その他には、動産競売開始許可決定書の謄本を債権者が提出した場合も、動産を競売にかけることができます。動産競売開始許可決定書は、執行裁判所（強制執行の手続きに関与する裁判所のこと）が発行するものです。債権者は、執行裁判所に担保権があることを証明する書面を提出し、この許可をもらいます。

■ 先取特権

先取特権

- 一般先取特権 …… 債務者の総財産を対象とする
- 動産先取特権 …… 債務者の特定動産を対象とする
- 不動産先取特権 …… 債務者の特定不動産を対象とする

Q 買主（債務者）が商品を第三者に転売してしまったのですが、その第三者からはまだ代金の支払いを受けていないという場合はどうなるのでしょうか。

A 本ケースの場合、買主は、第三者に対して売買代金債権を有していますから、売主（債権者）は、その売買代金債権を動産売買の先取特権に基づいて差し押さえることで、他の債権者に優先して自己の売買代金債権を回収することができます。これは先取特権の物上代位（106ページ）に基づくものです。

しかし、物上代位を用いることができるのは、第三者が債務者に対して売買代金を支払っていない場合に限られます。第三者が売買代金を債務者に支払済みである場合は、物上代位の行使ができません。買主が受け取った代金は、買主の他の金銭に混入し、特定できなくなっているからです。

また、動産売買の先取特権については、その動産が第三者に引き渡され後は、その動産自体から優先弁済を受けることができなくなります。特に注意が必要なのは、ここでいう「引き渡された後」には、現実の引渡し（物理的に引き渡すこと）の他に占有改定も含まれる点です。占有改定とは、動産の占有者が、その動産の占有状態を継続しているものの、以後は他人のために占有するという意思表示を行うことです。本ケースの場合、買主が物理的に商品を第三者に引き渡していない状態であっても、「以後は第三者のために商品を占有する」という意思表示を行っていた場合には、第三者に商品の引渡しがあったと扱われ、商品に対して動産売買の先取特権を行使することができません。

以上から、商品が第三者に転売された場合は、その商品が第三者に引き渡され、売買代金が債務者に支払われると、自己の売買代金を優先弁済してもらう権利を失うことから、迅速な対応が求められます。

7 譲渡担保について知っておこう

譲渡担保は複数の動産や債権を目的として一括して設定できる

譲渡担保とは

担保物権といえば抵当権ですが、抵当権に関しては、民法などの法律で厳格な規制が設けられています。そこで、抵当権よりも規制の緩やかな担保の手段がほしいという取引実務上の要請から生まれたのが、譲渡担保という担保物権です。**譲渡担保**とは、債務者が所有する担保目的物の所有権を債権者に移転すると共に、その目的物を債務者が借り受けて使用収益を継続するという形式の担保物権です。譲渡担保は、工場で稼働している機械や、倉庫に保管している在庫商品など、会社内にある動産を担保目的物とする場合に広く利用されています。そして、工場内や倉庫内といった一定範囲内に存在する動産をまとめて担保目的物とすることを**集合動産譲渡担保**といいます。

譲渡担保を設定する場合には、担保目的物の担保価値の査定を慎重に行うことが必要です。

集合債権譲渡担保とは

債務者の第三者に対する債権を譲渡担保の目的にすることもできます。この場合、債務者は、自己の債権を債権者に譲渡すると共に、債権者への弁済が継続される限り、引き続き第三者から弁済を受領できるようにしてもらうのが一般的です。そして、取引関係にある会社間では、継続的な取引によって、現に発生している債権や、将来発生が見込まれる債権を、まとめて譲渡担保の目的とする集合債権譲渡担保という方法を用いることがあります。

譲渡担保の対抗要件

譲渡担保の対抗要件（第三者に主張するための手段のこと）を備える方法として、担保目的物が動産のときは占有改定（108ページ）による引渡しを行います。また、会社などの法人が債務者である場合に限り、動産譲渡登記制度を利用して対抗要件を備えることもできます。ただ、動産の表面からは譲渡担保が設定されていることがわからないため、ネームプレートなどを貼って債権者の所有物であるのを表示することが多いようです。

これに対し、債権を譲渡担保の目的とするときは、債権譲渡の対抗要件を備えることで、譲渡担保の対抗要件が備わります。

帰属清算型と処分清算型がある

債務者が期限まで弁済できないと、譲渡担保を設定した動産や債権は完全に債権者のものとなります。譲渡担保の実行形態として、動産や債権を債権者が確定的に取得する場合（帰属清算型）と、動産や債権を売却した代金をもって弁済に充当する場合（処分清算型）とがあります。いずれの場合も、動産や債権の価値が被担保債権額（担保されている債権の額）を上回る場合には、債権者は、債務者に差額を支払って清算しなければなりません。

譲渡担保

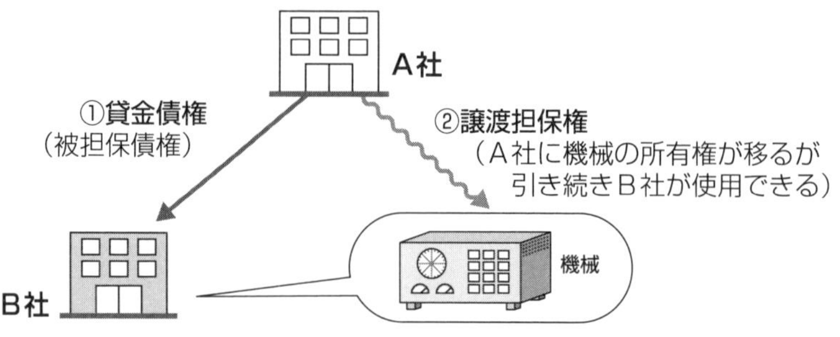

8 仮登記担保や代物弁済について知っておこう

比較的簡単な債権回収法

仮登記担保とは

仮登記担保とは、買掛金や借金などの金銭債務を担保するため、その不履行があったときには、金銭債務の弁済の代わりとして、債務者（もしくは第三者）に属する不動産の所有権を移転させることを約束し、これに基づいて仮登記をすることをいいます。

仮登記とは、登記をするための要件が備わっていない場合に、将来予定される本登記（所有権が移転したときに行う登記）の順位を確保するために行う予備的な登記です。

仮登記担保を規制する仮登記担保法では、仮登記担保を設定するための契約として、以下のような方法を例示しています。

① 債務の不履行があったときに、不動産の所有権の移転をもって弁済に代える旨を契約する停止条件付代物弁済（債務の不履行があると自動的に債権者に不動産の所有権が移転する）

② 債務の不履行があった場合で、債権者による予約完結の意思表示があったときに、不動産の所有権の移転をもって弁済に代える旨を予約する代物弁済の予約

担保とした不動産を競売する必要がない

債務の不履行があったときに、債権者は、仮登記を本登記にすることで、仮登記担保の目的とした不動産を取得できます。

ただし、不動産の価値が債権額より多い場合には、その差額を清算金として債務者に支払う手続きが必要です。債務者の立場からすれば、債務額と不釣合いな不動産を債権者に奪われるという問題点があるた

め、債権者に清算義務を課しているのです。

これに対応して、債務者には受戻権があり、清算金の支払いを受けるまでは、支払うべきであった債権額を支払うことで、担保とした不動産の所有権の受戻しを請求することができます。

無担保債権者の債権回収手段

抵当権などと比べると効力が弱いものの、担保をもたない債権者にとって重要な債権回収の手段が、代物弁済、債権譲渡（次ページ）、相殺（117ページ）です。

代物弁済とは、融資を現金で返済する代わりに、店舗の商品を返済にあてるような場合です。代物弁済を債権回収の手段として用いる場面として、融資を受けた商店が倒産しそうなときに、貸主が店内の商品を融資の返済に代えて持ち帰るケースがあります。

一方、借金を返済できない場合は債務者の土地をもらい受けるという約束（**代物弁済の予約**）を、あらかじめ当事者間で結んでおく方法もあります。なお、代物弁済の予約は、その目的物が不動産のときは、前述した仮登記の方法で行うことができます。

仮登記担保

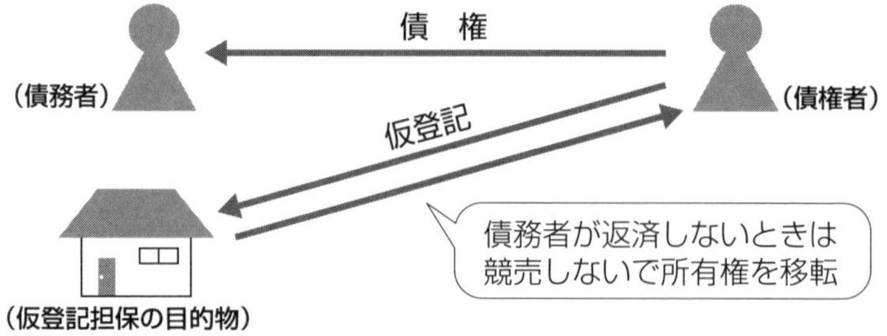

9 債権譲渡による債権回収について知っておこう

債権譲渡は対抗要件を備えることが重要である

■債権も売買することができる

債務者が債権を持っている場合、債権を回収する方法の一つに**債権譲渡**があります。たとえば、ＡがＢにお金を貸し、ＢがＣにお金を貸しているとします。このとき、ＢがＣから返済を受けた場合に、そのお金をＡへの返済に充てるとは限りません。他への返済に回すかもしれません。そこで、Ｂに支払能力がなく、Ｃから返済を受けたいときに、Ａとしては、Ｂから「ＢのＣに対する債権」を譲り受けておくと、Ｃから直接貸金の返済を受けることができます。

債権譲渡は、譲受人Ａと譲渡人Ｂの合意で成立します。譲渡の時点で債権が発生している必要はなく、将来発生予定である債権の譲渡も可能です。そして、債務者Ｃに債権譲渡の事実を主張するためには、後述するように譲渡人からの通知もしくは債務者の承諾が必要です。

しかし、多数の債権を譲渡する場合に、いちいち通知・承諾を要求することは、せっかくの債権回収の方法としての機能を阻害するおそれがあります。そこで、**債権譲渡特例法**（動産及び債権の譲渡の対抗要件に関する民法の特例等に関する法律）に基づき、大量の債権であっても、必要事項を磁気媒体などに記録し、あるいはオンラインで提出することで、東京法務局に登記（債権譲渡登記）することが認められる場合があります。

ただ、この制度を利用できる譲渡人（債権者）は、会社などの法人が債権を譲渡する場合に限定される点に注意が必要です。債権譲渡登記は、債務者以外の第三者との関係で、後述する「確定日付のある証書」による通知をしたとみなすにすぎず、債権譲渡登記をしたことで債権の存在や有効性が証明されるわけではありません。もっとも、債権譲渡登記では「登記の年月日」だけではなく「登記の時刻」も記録されるため、債権譲渡登記の行われた時期が明確になります。

これに対し、債務者に対して債権譲渡の事実を主張するためには、債権譲渡登記をしたことについての登記事項証明書の交付を伴う通知、あるいは債務者の承諾が必要です。

債権譲渡の対抗要件

債権譲渡の対抗要件については、民法がその原則を規定しています。具体的には、債権譲渡があった事実を債務者に対して主張するには、譲渡人から債務者に対して譲渡の通知をするか、債務者が譲渡人もしくは譲受人に対して譲渡を承諾することが必要です。これに対し、債権譲渡があった事実を債務者以外の第三者に対して主張するには、上記の通知もしくは承諾を**確定日付のある証書**によって行うことが必要です。

債権譲渡の通知を行う場合には、譲渡する債権の内容を表示して特定することが大切です。具体的には、金額、返済期日、利息などを記載して、譲渡の対象となる債権を特定します。そして、債権譲渡の通知は、必ず譲渡人が行うことに注意が必要です。譲受人が譲渡人の代わりに債権譲渡の通知をすることはできません（代理人として通知することは可能です)。譲受人による通知が認められると、通知するだけで誰でも債権を取得することが可能になってしまうからです。

なお、確定日付のある証書の「確定日付」とは、証書が作成された日について、裁判で証拠力が認められる場合の日付のことです。公正証書の日付や、内容証明郵便の日付などが確定日付に該当します。一般的には、郵便局で手続きができる、譲渡人から債務者に対して内容証明郵便によって通知をしてもらう方法がとられています。

倒産も間近な債務者に対して売掛金や貸金などの債権を持っている場合、その債務者が他の債権者に対しても同じ債権を譲渡していることがあります。このように、債権が二重に譲渡されてしまった場合には、その譲渡の優劣については、確定日付のある証書による通知が届いた日時によって決まります。

■ 譲渡制限特約のある債権の譲渡も有効である

譲渡の禁止や譲渡を制限する特約（譲渡制限特約）が設けられている債権の譲渡も有効です。もっとも、債務者は、譲渡制限特約について悪意（特約の存在を知っていた）もしくは重過失（知らなかったことに関して重大な過失がある）の譲受人に対しては、債務の履行を拒むことができる他、譲渡人への弁済などの事実を譲受人に主張することができます。

債務者が譲渡人にも譲受人にも債務の履行をしない場合、譲受人は、相当の期間を定めて、譲渡人への債務の履行を債務者に催告することができます。そして、その期間内に債務者が履行しない場合には、譲受人が債務者に対して直接譲受人への履行を請求することができます。譲渡制限特約のある債権を譲り受けても、慌てずに対応することが求められます。なお、預貯金債権については、これを有効とすると円滑な払戻しなどが行えなくなるため、譲渡制限特約について悪意もしくは重過失の譲受人との関係では、譲渡が無効となります。

■ 債権譲渡

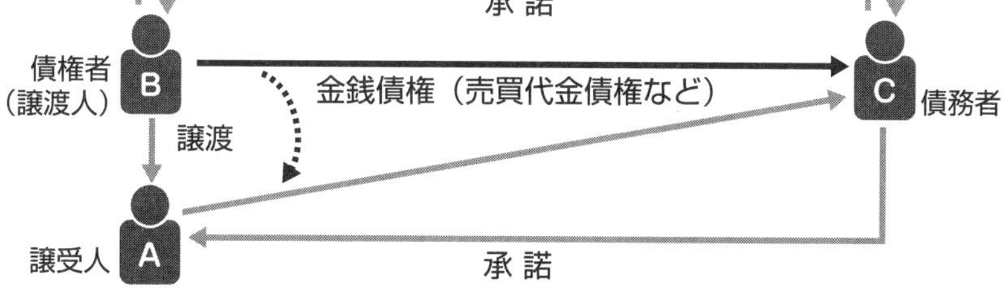

書式　債権譲渡通知書

債権譲渡通知書

拝啓　益々ご清栄のこととお慶び申し上げます。
　さて、当社は貴社に対し後記の債権を有しておりますが、本日、これを東京都○○区○○1丁目2番3号株式会社△△△△に譲渡致しましたので、その旨ご通知申し上げます。
今後、後記債権の支払は上記株式会社△△△△になされますようお願い致します。　敬具

記

令和○年○月○日付商品売買契約に基づく

売掛債権金400万円
弁済期日　令和○年○月○日
遅延損害金　年2割

　令和○年○月○日

東京都○○区○○4丁目8番3号
株式会社鈴木商事
代表取締役　鈴木三郎　印

東京都○○区○○1丁目5番2号
株式会社星光商事
代表取締役　星敏光　殿

ワンポイントアドバイス

①債権譲渡通知は、内容証明郵便などの確定日付のある証書によって行います。
②通知を送る場合、債権の譲渡人が送るのが原則ですが、譲受人が譲渡人の代理人として送った通知は有効です。

10 相殺による債権回収について知っておこう

金銭のやりとりはなされない

簡単でスピーディな決裁手段

Ａが、Ｂに対して売掛金や貸金などの債権を持っていると共に、Ｂに対して買掛金（仕入代金）や借金などの債務を負担しているような場合、Ａ・Ｂの両者は、**相殺**という手段で、相手方に対する債権を回収したのと同じ効果を得ることができます。

たとえば、ＡがＢに対して100万円の貸金債権を有し、ＢがＡに対して80万円の売掛金債権を有しているとします。この場合、Ａ・Ｂの一方から他方に対する意思表示によって、相互に重なり合う80万円分だけ債権債務を消滅させることが相殺です。相殺によって、Ａ・Ｂの債権債務は、ＡのＢに対する20万円の貸金債権が残るだけとなります。

相殺の意思表示をする側から見て、相手方に対する債権を自働債権、相手方に対する債務（相手方から見ると自分に対する債権）を**受働債権**といいます。相殺をする場合、自働債権は弁済期に達していなければなりませんが、受働債権は必ずしも弁済期に達している必要はありません。

お互いの債権が相殺できる状態にあることを**相殺適状**といいますが、相殺の意思表示をすると、お互いの債権は相殺適状を生じた当時において対当額（相互に重なり合う部分）において消滅します。相殺は、当事者の一方だけの意思表示によって効果が生じます。相殺をする際には、対象となる債権、金額、弁済期、相殺後に残存する債権の額等を明確にして通知しましょう。

なお、当事者の双方が、お互いに相手方に対して債権をもっていれば、相殺が利用できます。しかし、そうでない場合であっても、相殺を利用して実質的な債権回収を図ることができます。

たとえば、ＡがＢに対して債権を有し、ＢがＣに対して債権を有する場合、ＡがＢに対する債権をＣに譲渡し、ＣからＢに相殺してもらうことで、実質的に債権回収と同じ効果を上げることができます。Ａの立場にある者としては、債権譲渡について対抗要件（114ページ）を備えることを忘れないのが重要です。

相殺契約は相殺とは違う

相殺と似て非なるものとして**相殺契約**があります。相殺契約とは、当事者の一方から他方に対する意思表示ではなく、当事者双方が合意して、お互い債権債務を消滅させる契約です。相殺契約を結ぶときは、どの債権債務を相殺するかを決定できます。

相殺契約は、お互いの債権債務を簡易迅速に整理したいが、民法上の相殺ができない場合に利用されています。たとえば、民法上は、金銭債権と物品引渡債権との相殺はできませんが、相殺契約によって両者を相殺することができます。

相殺

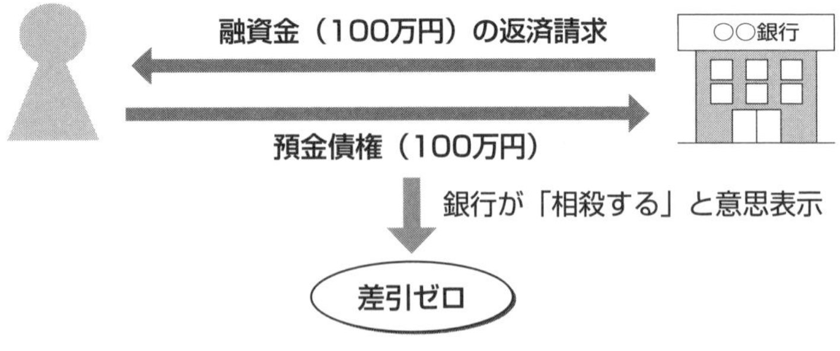

書式　相殺通知書

相殺通知書

　私は貴殿に対し後記代金債務を負担しておりますが、この債務と貴殿に対して有している後記手形債権とを本日対当額で相殺することを通知致します。これにより、私の貴殿に対する債務は完済されますが、貴殿に対する５０万円の手形債権は残ります。

　つきましては、手形金５０万円を直ちにお支払頂くよう請求致します。

記

１　当方の手形債権
　額面　金２００万円
　支払期日　令和○年○月○日

　振出人　貴殿
　受取人　田中一郎
　振出日　令和○年○月○日

２　当方の債務
　契約日　令和○年×月×日
　売買目的　商品○○
　債務額　金１５０万円

　令和○年○月○日
　東京都○○区○○１丁目２番３号
　田中一郎　印
　東京都○○区○○４丁目５番６号
　高橋謙一　殿

ワンポイントアドバイス

①自働債権（相殺を主張する側が有している債権）となる手形金債権については、弁済期（支払期日）が到来していることが必要です。

②相殺によるとしても、手形金債権を行使する場合は、手形を呈示する必要があります。

11 その他回収・管理のためにどんなことに注意しておけばよいのか

詐害行為取消権は裁判に訴える方法でしか行使できない

責任財産の保全

抵当権などの担保物権を持っていない債権者を一般債権者といいます。そして、一般債権者の債権回収を実現するための原資となる債務者の財産の総体（強制執行の対象となって一般債権者の共同担保となる財産のこと）を**責任財産**といいます。

民法では、債務者の責任財産を保全するため、債権者代位権と詐害行為取消権を債権者に与えています。

債権者代位権とは

債権者代位権とは、債務者が自己の権利（被代位権利）を行使しようとしない場合に、債権者が自己の債権を保全するため、債務者に代わって被代位権利を行使して、債務者の責任財産の維持・充実を図る制度です。債権者は、債務者の代理人としてではなく、自分自身のために債務者になり代わって、被代位権利を行使するわけです。被代位権利の目的が金銭などの分割ができるものであるときは、自己の債権額の部分についてのみ行使することができます。

たとえば、Ａ（債権者）がＢ（債務者）に100万円を貸し付けましたが（被保全債権）、返済日を過ぎてもＢが返済しないとします。この場合、ＢのＣ（相手方）に対する200万円の売掛金債権（被代位権利）を、ＡがＢに代わって行使して、自己に100万円を支払うよう請求できるのが債権者代位権です。Ａは、自己の債権額である100万円の部分についてのみ、債権者代位権を行使することができます。そのため、Ｃに支払いを請求することができる売掛金の額は、100万円が上限となります。

債権者代位権の行使は、これによって金銭の支払いを請求するのであれば、債権者が自己に対して直接金銭を支払うよう請求できます。そして、被代位権利の相手方から支払いを受けても、これを債務者に返還する必要がなくなるため、債権者は事実上の優先弁済を図ることができるわけです。法律上は、相手方から支払いを受けた金銭は債務者の一般財産であって、債務者に返還すべきものです。しかし、この返還請求権と被保全債権とを相殺することで、債権者は、被代位権利の相手方から支払いを受けた金銭を手元に残すことができます。

詐害行為取消権とは

詐害行為取消権とは、債権者が、責任財産を減少させ、債権者を害することを知って行った債務者の行為（詐害行為）の取消しを裁判所に請求できるとする制度です。裁判所が債務者による行為を詐害行為として取り消すと、債務者の手元から失った財産を責任財産の中に戻すことができます。

詐害行為取消権は、債権者代位権と同じく責任財産の保全を目的と

責任財産を保全する制度

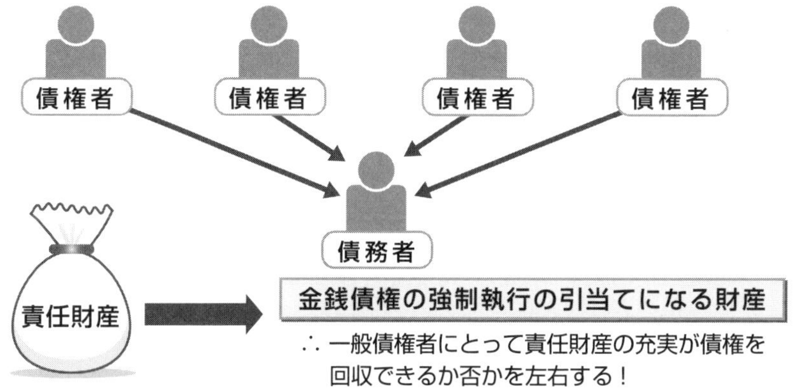

します。たとえば、A（債権者）がB（債務者）に100万円を貸与したが（被保全債権）、返済日を過ぎてもBが返済しない場合、Bが唯一の財産である土地を不当に安い価格によってC（受益者）に売却した行為につき、AがBC間の売買契約の取消しを裁判所に請求するのが詐害行為取消権です。Cのような受益者に対して詐害行為取消権を行使するための原則的な要件は、以下の５つです。

①　詐害行為

詐害行為とは、債務者が「債権者を害する行為」をすることです。具体的には、債務者が自己の財産を故意に減少させ、その資力を債権者の債権を弁済するのに十分でない状態（債務超過）に陥らせることです（無資力要件）。本来型の債権者代位権の無資力要件と似ていますが、債務者が自らの行為で債務超過に陥らせることが詐害行為の特徴です。

②　詐害意思

詐害意思とは、詐害行為の時に、債務者と受益者の双方が、債権者を害する事実（債務者が無資力になる事実）を知っていたことです。

③　財産権を目的とする行為

財産権を目的としない行為（婚姻・離婚・認知・養子縁組・相続放棄などの身分上の行為）については、それが債権者を害するとしても、詐害行為取消請求ができません。

④　被保全債権が詐害行為前に生じたこと

改正後の民法では、債権者は、被保全債権が詐害行為前の原因に基づいて生じたものである場合に限り、詐害行為取消請求ができる旨が明記されています。たとえば、詐害行為前に成立した被保全債権に基づき、詐害行為後に遅延損害金が発生した場合、遅延損害金についても、被保全債権となります。

⑤　被保全債権が強制執行で実現不可能でないこと

被保全債権が強制執行によって実現できないものであるときは、詐害行為取消請求ができません。

詐害行為取消権を行使するときは弁護士に相談する

2020年４月施行の民法改正で、債務者が時価で（不当に安くない相当な価格のこと）不動産を受益者に売却した場合など、前述した原則的な要件よりも厳格な要件が適用される場合が規定されています。詐害行為取消権を行使するときは、裁判所に訴えを起こさなければならない点からも、詐害行為取消権の行使を検討するときは、裁判手続きで代理人となる資格を持っている弁護士への相談が必須になります。

なお、転得者（受益者からの取得者）に対しても、詐害行為取消権を行使することを認めています。しかし、2020年４月施行の民法改正で、転得者に対する詐害行為取消権の行使は、受益者に対して詐害行為取消権の行使が可能であることが前提要件となっています。したがって、転得者に対して詐害行為取消権を行使することは、非常に困難であることを念頭に置いておきましょう。

債務免除とは

債務免除とは、債権者が債権を無償で消滅させる行為で、一般には債権放棄と呼ばれることが多いようです。債権者の債務者に対する一方的な意思表示だけで効果を生じますので、債務者の意思は問題にはなりません。1000万円の債権のうち600万円を支払えば残りは放棄するなど債権の一部を放棄したり、何らかの条件を債務者に課して債権を放棄することもできます。債務者の資産がまったくなく、将来的な回収も見込めない場合、債務者が再起するきっかけを与える目的から、債権者が債権を放棄することがあります。

債権者の側にとっては、債権放棄（債務免除）は、放棄した金額を税務上損金として処理できるメリットがあります。そのような処理をする際には、債権放棄をした事実を税務上証明する必要がありますから、債権放棄をした証拠として、内容証明郵便などの書面を残しておくべきでしょう。

Q 所有権留保というのはどんな契約形態で利用するものなのでしょうか。

A 所有権留保とは、売買契約において、売買代金が支払われるまで、売買目的物の所有権を売主に留保しておくという担保の方法です。買主の代金不払いのときには、売主は、所有権に基づいて売買目的物を取り戻し、これを他人に売却するなどして代金に充てることができます。

所有権留保は、割賦販売（分割払いによる販売）でよく使われます。たとえば、販売店Ａが客Ｂに自動車あるいはパソコンを分割払いで販売する契約をする場合、通常、その自動車やパソコンの所有権は、売買代金の全額が支払い終わるまで、売主に留保されるという特約がつけられます。この特約が所有権留保です。売主である販売店Ａは、客Ｂの分割払いが滞ったときは、売買契約を解除して、所有権に基づいて自動車あるいはパソコンの返還を客Ｂに求めることができます。このように、所有権留保は、割賦販売の場合につき、売買代金を売買目的物そのもので担保するものだといえます。

債務者が代金を支払わない場合の実行の方法は、買主（債務者）の手元から売買目的物を引き揚げることです。ただし、強制執行の手続きによらずして、買主の同意なく売買目的物を引き揚げることは許されません。同意なく債務者から売買目的物を引き揚げると窃盗罪が成立し、刑罰を科せられるおそれがあるからです。そのため、売買目的物の引き揚げという私的実行は、債務者の同意がなければ実現できないという限界があります。

この場合、売買目的物の引き揚げを強制的に実現するには、所有権に基づいて売買目的物の引渡しを求める訴訟を裁判所に提起し、勝訴判決を得て強制執行を申し立てることが必要です。

第4章

訴訟などの法的手段を活用する場合

1 債務者の態度に応じた回収方法がある

少しでも多く取り立てられるようにする

最も効果的な方法を選ぶ

債権回収の最後の手段は訴訟ということになります。ただし、訴訟に持ち込むには、費用や時間という点、取引先との将来の関係などの点から考えて、それなりの覚悟は必要です。最初から訴訟一本でいくというのも１つの手段ではありますが、債務者の態度に応じて柔軟な対応ができることも大切です。

もちろん、債権回収のための手段は訴訟に限るものではありません。後述するさまざまな債権回収の方法があります。たとえば、債務者が債権の存在を争っていなければ、公正証書を利用して債権回収が図れます。和解や調停によって調書を得た場合も同様です。債務者が支払いに積極的に協力しない場合には、支払督促（136ページ）という制度を利用することができます。

債務者が争う姿勢を見せている場合には、仮差押を利用するということもあります。仮差押（155ページ）は、こちらが提出した証拠だけをもとに行いますから、債務者の資産隠しを防止するだけでなく、債務者に対する相当な圧力にもなります。この方法は、仮の形ではありながらも、いきなり強制執行の方法をとるようなものです。

こうした方法を念頭に置きながら、実際に債務者と交渉にあたるわけですが、その際に注意しておくことが２つあります。１つは、少しでも多く取り立ててくるという観点です。もう１つは、後に法的手段をとることに備えて、立証のための資料を確保することです。後々の展開をにらみながら、布石を打っておくことは大切です。

訴訟以外の手段もある

前述したように債権回収の最後の手段は、訴訟ということになりますが、支払督促や調停など下図に掲げるさまざまな方法も用意されています。

したがって、債権回収を行う際には、債務者の状況、費用や時間、取引先との将来の関係などの要素を考慮して適切な回収手段を選択することになります。

訴訟も辞さないという覚悟があれば、それを１つの圧力として、債務者と交渉にあたることができますが、債権回収を行う際には、１つの方法に固執せず大局的な観点からベストな方法を選択することが大切だといえます。

さまざまな債権回収手段

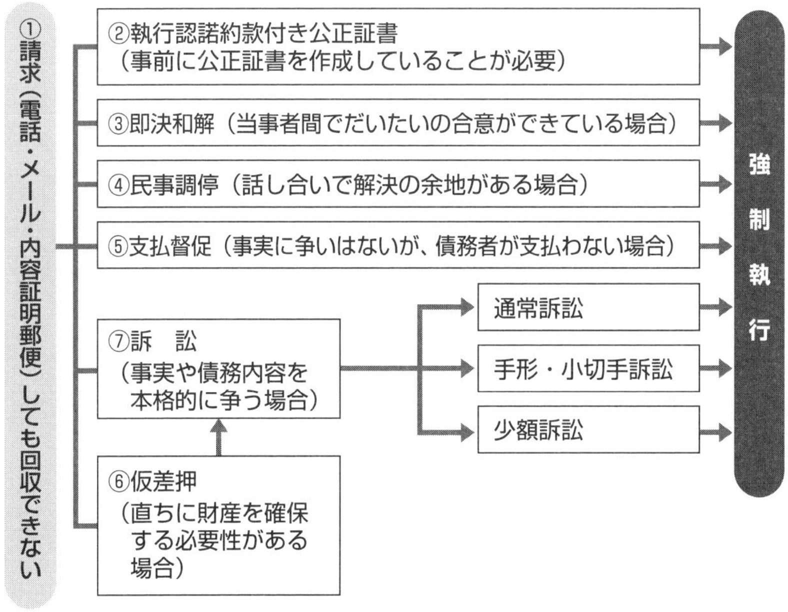

2 請求と債務者の承認について知っておこう

時効の完成猶予や更新が生じる場合を押さえておく

請求にはいろいろな効用がある

支払いを滞らせている相手方に心理的なプレッシャーをかけるためには、請求をしっかりと行うことが重要です。相手方が心理的なプレッシャーを感じれば、それだけ債権を回収できる可能性が高くなります。請求を行うことには、このように相手方の返済を促すことの他にも、いくつかの利点があります。たとえば、債権が期限つきのものでない場合には、請求を行うことによって期限が到来したことになります。そして、請求を行った時点から債務者は債務不履行（62ページ）となって、債権者は、遅延損害金（74ページ）の請求もできるようになります。さらに、請求を行うことで、時効の更新や完成猶予という効果も生じます。**時効**とは、一定の事実状態の継続があった場合に、その事実状態に適合した権利の取得・消滅を認める制度です。時効による権利の取得・消滅の効果は、時効期間のカウントを開始した日（起算日）まで遡ります。ただし、時効の効果を発生させるためには、時効の完成後に当事者が時効の利益を受けることを示す（援用）必要があり、時効の完成後は放棄もできます。

時効には、時効期間の経過により、権利の取得が認められる取得時効と、権利の消滅が認められる消滅時効があります。債権回収に関わるのは**消滅時効**です。

時効の更新・時効の完成猶予

従来、時効の進行を妨げる制度は、時効の中断・停止と呼ばれていました。時効の中断とは、それまでの時効期間をリセットし、新たにゼロから時効期間をスタートさせる制度です。時効の停止とは、時効の完成を一定期間だけ猶予する制度です。いずれも時効の完成に関わる重要な制度でありながら、一時的に止めることを意味する「中断」が時効期間のリセットを指し、動いているものを止めることを意味する「停止」が猶予を指すなど、一般的な用語の使用法からズレていることが指摘されていました。

現在の民法では、一般的な用語の使用法に合わせて、時効の中断を**時効の更新**に、時効の停止を**時効の完成猶予**に名称を改めています。主な更新事由や完成猶予事由は下図のとおりです。その他にも、当事者が権利について協議をすることを書面で合意して、この合意に基づき協議を行っている一定の期間は時効が完成しない（完成猶予事由）という規定を設けています。そして、時効の更新や完成猶予の効力は、更新事由や完成猶予事由が生じた当事者とその承継人の間でのみ生じます（相対的効力）。

■ 主な更新事由と完成猶予事由

ケース	完成猶予事由	更新事由
①裁判上の請求 ②支払督促 ③調停 ④破産手続参加	原則として①～④の事由が終了するまでの間は時効が完成しない	確定判決などで権利が確定した時に、①～④の事由の終了時から新たに時効が進行する
⑤強制執行 ⑥担保権の実行 ⑦担保権の実行としての競売	原則として⑤～⑦の事由が終了するまでの間は時効が完成しない	原則として⑤～⑦の事由の終了時から新たに時効が進行する
⑧仮差押 ⑨仮処分	⑧⑨の事由の終了時から６か月間は時効が完成しない	
⑩履行の催告	⑩の時から６か月間は時効が完成しない（完成猶予期間中の再度の催告は完成猶予の効力を有しない）	
⑪権利の承認		⑪の時から新たに時効が進行する

Q 飲み屋のツケ代のような、従来短期消滅時効にかかっていた債権についての消滅時効の改正について教えてください。

A 改正前民法では、原則として債権は請求できる時から10年で消滅すると規定しながらも、それとは別に職業別の短期消滅時効が規定されていました。たとえば、飲み屋のツケ代やタクシーの運賃は1年、弁護士費用は2年、医療費や工事の請負代金は3年などと定められていたのです。職業別の短期消滅時効が設けられた理由は、これらの債権が比較的金額が少額であるケースが多いことから、時効期間を短期間に設定し、権利関係を早期に確定することが紛争の防止につながると考えられたためです。

しかし、職業によって異なる短期消滅時効については、「区別自体に合理性がなく、職業差別につながりかねない」「どの時効期間が適用されるのか複雑でわかり難く、適用の誤りや見落としの危険性がある」などの批判が寄せられていました。

こうした批判を受けて、現在の民法では、職業別の短期消滅時効をすべて廃止しました。同時に、商事消滅時効も廃止しています。商事消滅時効とは、商行為によって生じた債権に適用される消滅時効のことで、権利関係の早期確定の目的から、時効期間は5年と規定されていました。

職業別の短期消滅時効と商事消滅時効を廃止した結果、原則として2020年4月1月以降に発生した債権の消滅時効は、民法の規定に従うことになります。民法166条では、請求できることを債権者が知った時から5年、または請求できる時から10年が債権の時効期間であると規定しています。したがって、2020年4月1月以降は、飲み屋のツケ代にも民法166条が適用され、債権者がツケ払いを知った日から5年、またはツケ払いの日から10年経過すると、飲み屋のツケ代が時効消滅します。

3 内容証明郵便の書き方について知っておこう

債務者に心理的圧力をかけることができる

内容証明郵便とは

内容証明郵便は、誰が・いつ・どんな内容の郵便を・誰に送ったのか、を郵便局が証明してくれる特殊な郵便です。一般の郵便ですと、後々そんな郵便は受け取っていない、いや確かに送った、というようなトラブルが生じないとも限りませんが、内容証明郵便を利用しておくと、そうした事態は避けられます。

そのため、債権者が郵便で支払請求する場合にも、内容証明郵便を利用すれば郵便物を発信した事実から、その内容、さらには相手に配達されたことまで証明をしてもらえるので、後々訴訟になった場合に強力な武器となるでしょう。

また、法的な効果をもつ文書は、それが相手方に到達した時に効力を生じるというのが原則です。内容証明郵便に配達証明のサービスをつけて出せば、相手方に届いたことと、その年月日が証明されます。別途料金がかかりますが、内容証明郵便を出すときには、配達証明をつけて出すのがよいでしょう。

最低３通必要になる

内容証明郵便は、受取人が１人の場合でも、同じ内容の文面の手紙を最低３通（受取人が複数ある場合には、その数に２通を加えた数）用意する必要があります。ただし、全部手書きである必要はなく、コピーでもＯＫです。郵便局ではそのうち１通を受取人に送り、１通を局に保管し、もう１通は差出人に返してくれることになっています。同じ内容の文面を複数の相手方に送る場合には、「相手方の数＋２通」

用意することになります。

用紙の指定は特にありません。手書きの場合は原稿用紙のようにマス目が印刷されている、市販のものを利用してもよいでしょう。ワープロソフトで作成してもよいことになっています。

こうしたできた同文の書面３通と、差出人・受取人の住所氏名を書いた封筒を受取人の数だけ持って郵便局の窓口へ持っていきます。郵便局は、近隣の大きな郵便局（集配を行う郵便局と地方郵便局長の指定した無集配郵便局）を選びます。その際、字数計算に誤りがあったときなどのために、訂正用に印鑑を持っていくのがよいでしょう。

内容証明郵便で送る文書の中身

枚数に制限はないものの、主旨を簡潔に、一定の形でまとめた方が確実に相手に伝わります。

①　表題

「通知書」「督促状」など文書につけるタイトルです。内容証明郵便の主旨が一目でわかるようにつけておくと効果的です。

②　前文・後文

基本的には省略してかまいませんが、相手との関係、お願いなどが内容に含まれる場合は、仰々しい内容証明郵便であってもやや柔らかく相手に伝える効果が期待できるので記載します。

③　本文

必要事項を確実に、相手に伝わりやすい表現で記載します。原則として主観的な感情や背景事情は記載しない方がポイントが伝わりやすくなります。また、間違えても撤回できず、相手にスキを与えるので、書く前に事実確認を十分に行った上で作成することが望まれます。

④　差出人・受取人

個人の場合は住所、氏名、会社などの法人については所在地、名称とあわせ、わかれば代表者名を記載して、差出人は押印します。代理人を立てた場合は代理人も同様に記載して押印します。記載は、郵便局に持参する封筒の差出人と受取人と一致している必要があります。

⑤　**差出年月日**

差出日を明確にするため記載します。

字数などの制限がある

内容証明郵便を出す場合には、若干注意すべきことがあります。

まず、下表のように、1枚の用紙に書ける文字数と行数に制約があります。枚数に制限はありませんが、1枚増えるごとに料金が加算されます。使用できる文字は、ひらがな・カタカナ・漢字・数字です。英語は固有名詞に限り使用可能です。用紙が2枚以上になる場合には、ホチキスやのりでとじて、そのページのつなぎ目に左右の用紙にまたがるように、差出人のハンコを押します。

内容証明郵便の書き方

用　紙	市販されているものもあるが、特に指定はない。 B4判、A4判、B5判が使用されている。
文　字	日本語のみ。かな(ひらがな、カタカナ)、 漢字、数字(算用数字・漢数字)。 外国語不可。英字は不可(固有名詞に限り使用可)
文字数と行数	縦書きの場合　：20字以内×26行以内 横書きの場合①：20字以内×26行以内 横書きの場合②：26字以内×20行以内 横書きの場合③：13字以内×40行以内
料　金	文書1枚（440円）＋郵送料（84円）＋書留料（435円） ＋配達証明料（差出時320円）＝1279円 文書が1枚増えるごとに260円加算

※令和元年10月1日消費税10%改訂時の料金

■24時間いつでも出せるのが電子内容証明郵便

インターネットを通じて24時間受付を行うサービスです。電子内容証明サービスを利用して、文書データを送信すれば、自動的に３部作成し処理しますので、手続は短時間で終了します。差出人から送信された電子内容証明文書のデータは、郵便局の電子内容証明システムで受け付けます。その後、証明文と日付印が文書内に挿入されてプリントアウトされ、できあがった文書は封筒に入れられて発送されます。

電子内容証明サービスを利用するには、利用者登録が必要となります。登録は、日本郵便の電子内容証明のホームページ（http://enaiyo.post.japanpost.jp/mpt/）から行います。利用料の支払いはクレジットカードか、料金後納かを選択することができます。クレジットカードを選択する場合、登録はすぐに完了します。

次に、ソフトウェア（ｅ内容証明ソフトウェア）を手持ちのパソコンにインストールします。ソフトウェアは、ホームページからダウンロードします。文書の体裁は、次のとおりです。

①　用紙設定

用紙は、Ａ４サイズで、縦置き・横置きを問いませんが、縦置きの場合は横書き、横置きの場合は縦書きでなければなりません。

余白は、縦置きは上・左右に1.5cm以上、下に７cm以上、横置きは上下・右に1.5cm以上、左に７cm以上必要です。通常の内容証明郵便と大きく異なるのは、１ページ内の文字数制限が大幅に緩和されていることと、逆に一度に出せる枚数に制限があることです。文字数は上記余白と後記のポイント（文字の大きさ）で収まる範囲まで記載できます。他方、枚数は最大で５枚までとなっています。

②　文字サイズと種類

文字サイズは、10.5ポイント以上、145ポイント以下であれば自由です。使用できる文字は、JIS第１、第２水準の範囲の文字とされていますので、外字等が使用できません。なお、文字の装飾も、「太字」

と「斜体」だけですが使用が認められています。

詳細は電子内容証明のホームページ上にある「ご利用方法」で確認できます。文書を作成した後、専用ソフト「e内容証明」で差出人、受取人の他、配達証明や速達等の指定をし、専用フォーマットに変換したものをインターネット経由で送信して完了です。

■ 内容証明郵便における文字数のカウント

・**句読点**
「、」や「。」は１文字扱い

・**□の扱い**
文字を□で囲うこともできるが、□を１文字としてカウントする。たとえば、「角角」という記載については３文字として扱う

・**下線つきの文字**
下線をつけた文字については下線と文字を含めて１文字として扱う。たとえば 「3か月以内」は５文字扱い

・**記号の文字数**
「%」は１文字として扱う
「㎡」は２文字として扱う

・**１字下げをした場合**
文頭など、字下げをした場合、空いたスペースは１字とは扱わない

■ 電子内容証明郵便の出し方

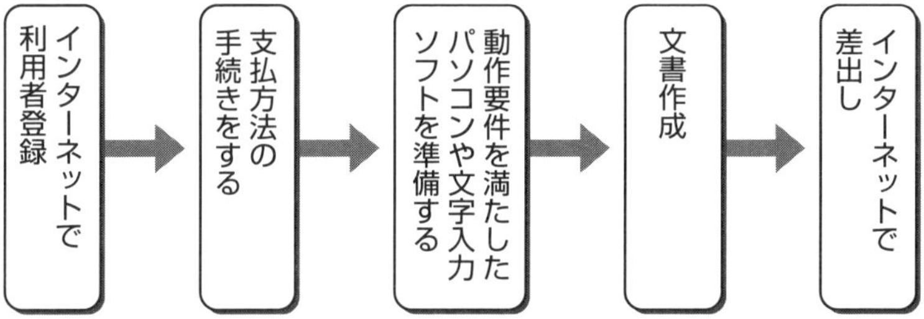

4 支払督促について知っておこう

簡裁を通じて債務の支払いを督促する

簡易裁判所が関与する

支払督促とは、簡易裁判所の裁判所書記官を通じて債務者に対して債務を支払うように督促する制度です。

内容証明郵便とは違い、支払督促は裁判所が関与する手続です。内容証明郵便（131ページ）で催促することも債権者の強い意志を債務者に対して示すことになりますが、支払督促の場合、裁判所の手続を利用している分、債権者の覚悟のほどはより強く債務者に伝わります。それだけに、督促を受けただけで債務者がすぐに支払うということがよくあります。

ただ、相手方に、債権の存在・債権額・支払期限などについて異論があり、異議を申し立てて、督促に応じない場合には、通常の訴訟手続に移行します。債権者としても、それなりの覚悟が必要なのです。

支払督促は、債務者との間で債権の存在や内容について争いがないケースで、よく利用される手続きだといえます。

申立てが受理され審査される

要件が充たされていないと、申立ては却下されてしまいます。事前の準備を十分にした上で簡易裁判所に行くべきでしょう。

①　支払督促の対象となる債権

支払督促の対象となるのは、「金銭その他の代替物または有価証券の一定数量の給付請求権」に限られます。ほとんどの場合は金銭債権です。中古車を購入したのに引き渡してくれない場合の引渡請求については、支払督促を利用することはできません。

② 管轄の簡易裁判所へ申し立てる

債務者の住所、主たる事務所・営業所の所在地を管轄する簡易裁判所の裁判所書記官に、支払督促の申立てをしなければなりません。申立書には債務者の住所・所在地を記載するので、この要件も書面審査で容易に判断されます。もし、管轄外の裁判所に申立てをしても、却下されてしまいます。申立手数料は、請求する金額に応じて決まりますが、通常訴訟の手数料の２分の１となっています。

③ 請求の趣旨が適法であること

請求の趣旨及び原因（140ページ）が不適法であると、申立ては却下されます。特に、借金の取立ての場合には、利息制限法の制限に気をつけなければなりません。同法では、元本が10万円未満であれば年20％、10万円以上100万円未満なら年18％、100万円以上であれば年15％を上限としています。これを超過した分は無効なので、たとえ債務者が同意していても、申立ては却下されます。

④ 簡単な不備は補正する

提出された申立書が審査され、不備が簡単なものであれば、すぐに補正（補充や訂正）するように言い渡されます。手数料や添付すべき

■ 支払督促手続きの流れ

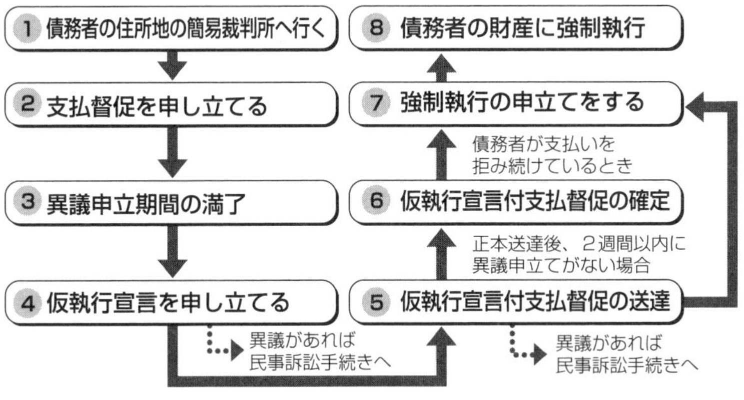

郵券（切手）が不足していると、追加納付が指示されます。この補正は任意ですが、補正に応じないと、書記官は一定の期間を定めて補正を命じます。これを「補正処分」といいます。補正処分に応じないと、申立ては却下されます。

⑤　申立てが受理された後

無事に申立てが受理されると、事件番号がつけられます。「令和○年（ロ）第○○○号」といったもので、以後裁判所へ問い合わせるときなどにはこの番号を使用するので、メモしておきましょう。

仮執行宣言とは

通常の訴訟では、債権者が勝訴判決を得てそれが確定すると、判決に執行力が生じます。**執行力**とは、判決にもかかわらず債務者が支払いなどの判決内容を実現しない場合に、裁判所によって強制的にその内容を実現することができる効力です。この執行力に基づいて、強制的に債権を実現する手続を強制執行といいます。

執行力は通常の訴訟の場合だけではなく、支払督促の場合でも発生します。しかも、支払督促が確定する前でも、裁判所が仮の執行力を与えることがあります。それが**仮執行宣言**です。仮執行宣言は、債権者が迅速に手続を進めて、債権の実現を図ることができるための制度です。支払督促に仮執行宣言がつけられると、債権者は強制執行の申立てをすることができるようになります。

債権者は、支払督促の申立てをした裁判所に対して仮執行宣言の申立てをすることが必要です。

仮執行宣言の申立ての手続は、支払督促の申立手続と似ており、支払督促の申立てをした裁判所で書面によって行います。

仮執行宣言の申立ての際に気をつけるべきことは、申立てができる期間が限られているということです。

まず、いつからできるようになるかというと、支払督促正本が債務者に送達された日の翌日から２週間経過すれば申立てができます。
仮執行宣言の申立てが受理されると、裁判所の書記官は審査を行い、債務者と債権者に仮執行宣言付支払督促を送達します。
仮執行宣言付支払督促が債務者に送達され、異議の申立てがなく２週間が経過すると、支払督促は確定することになります。

支払督促の申立書を書く

支払督促の申立ては、簡易裁判所の書記官に申立書と添付書類を提出することから始まる手続です。書類の記載や添付書類に間違いがないように注意する必要があります。

①　申立書

まず、支払督促の申立てには申立書が不可欠です。申立書は各簡易裁判所にあります。申立用紙はＡ４版の大きさです。
申立書には、申立年月日の他、当事者（債権者・債務者）、請求の趣旨及び原因などの必要事項を記載します。ペン書きで楷書で記入し、数字は原則として算用数字を使用します。
全体としては、「表題部」「当事者目録」「請求の趣旨及び原因」の３部から構成されており、それらを左とじにします。とじた用紙の間には、改ざんを防ぐために契印（とじ目にまたがるように印を押すこと）をします。

②　目録の数

①で述べた申立書は裁判所宛ての書面であって、表題部の他に別紙の「当事者目録」「請求の趣旨及び原因」の目録をいっしょに提出します。これらすべてが1セットとなって、１通の申立書を形成するのです。

③　添付書類

以上の申立書のセット以外に、法人登記事項証明書、戸籍謄本、委任状など、手続上、何種類かの書類を添付しなければならないことがあります。

表題部の記載方法

申立書の表題部には、以下の各事項を記載していきます。

① 支払督促申立書である旨の記載

まず、支払督促申立書であることを明確にするため、「支払督促申立書」「○○との支払督促を求める」と記載します。

② 事件名の記載

事件の種類を明らかにするため、事件名を記入します。具体例としては、次のものがあります。

・貸金請求事件

・売掛代金請求事件

③ 当事者の表示の記載

当事者とは債権者と債務者です。当事者の記載は別紙当事者目録に記載することになります。債権者・債務者の氏名・住所を記載します。

④ 請求の趣旨及び原因の記載

債権者として何の支払督促を申し立てるのかを記載します。請求の趣旨及び原因の記載についても、別紙目録を作成します。

⑤ 申立人の住所・氏名の記載

申立人の住所と氏名を記載し、押印します。裁判所からの送達を受ける場所が住所と異なる場合には、その送達場所も記載します。

⑥ 添付書類の記載

登記事項証明書などの添付書類を記載します。

⑦ その他

その他、申立年月日、費用、印紙・予納郵券（切手）の額なども記載します。

請求の趣旨は簡潔・明快に記載する

支払督促の申立てをするときには申立書を作成し、提出しますが、そこでは「請求の趣旨」を明確にしなければなりません。「請求の趣旨」とは、申立人（債権者）が支払督促によって何を求めているのかを簡潔に表現したものです。「請求の趣旨」は３つの部分から成り立っています。つまり、主たる請求、付帯請求、申立手続費用の３つです。

「主たる請求」では、支払いを求める金額を「金○○,○○○円」と明確に記載します。「△△ならば金○○,○○○円」というような条件つきや期限つきの記載は原則として認められていません。そして、表題部では、「請求の趣旨」で記載した金額を請求する意思を明確に示します。

「付帯請求」には、利息や遅延損害金を記載します。

■ 申立書と添付書類

申立書	①　**申立書**　「表題部」「当事者目録」「請求の趣旨及び原因」によって構成されている。記載事項は、申立年月日、債権者の氏名・住所、債務者の氏名・住所、請求の趣旨、請求の原因など。
	②　**目録などの数**　「当事者目録」「請求の趣旨及び原因」。申立人の分を含めて原則として、それぞれ３通提出する。
添付書類	①　**申立手数料（印紙）**　収入印紙を申立書に添付して納める。
	②　**支払督促正本送達費用**　裁判所から債務者に支払督促正本を送達（郵送）する際にかかる費用。特別送達といって、通常の郵送方法より高額。債務者１人につき、1000円程度。
	③　**支払督促発付通知費用**　裁判所から債務者に支払督促正本の送達と同時もしくはその後に債権者に対して発付される通知にかかる費用。通知は普通郵便。
	④　**申立書作成及び提出費用**　債務者に負担してもらう費用。1000円前後。
	⑤　**資格証明書手数料**　法人の登記事項証明書や法定代理人が申し立てる場合の戸籍謄抄本などのこと（通常1000円程度）。

Q 裁判所に間に入ってもらい話し合いで解決する民事調停や特定調停を利用するメリットについて教えてください。

A あくまでも話し合いで解決したいということであれば、民事調停を利用する方法があります。民事調停は、裁判官と民間人から構成される調停委員会が、当事者間の合意成立に向けて援助・協力するという制度です。

民事調停は、債権者からでも債務者からでも申立てをすることができます。管轄裁判所は、相手方の住所地を管轄する簡易裁判所です。申立書の用紙は簡易裁判所の窓口に用意されています。

申立て時には、請求の価額に応じた収入印紙と予納郵券、添付書類を提出します。郵送でも大丈夫です。手数料は訴訟手数料の半額で、予納郵券は、裁判所や相手方の数によって違ってきます。

当事者双方の互譲・協力がなければ調停は成立しません。必ず調停が成立して解決できるという保証はありませんが、取引先との関係を維持しながら、円満な解決を望む場合や、コストの点から、できるだけ早く・安く解決したい場合などには利用してみる価値はあります。

また、債務の存在は認めているが支払能力に多少の不安がある債務者について、減額や猶予、分割払いなど、ある程度の譲歩をしても、任意の支払いで回収した方が得策な場合などにも、調停は利用してみる価値があります。

調停が成立すると、訴訟における確定判決と同一の効力をもちます。債務者が調停内容を守らなかった場合には、調停調書に基づいて強制執行（162ページ）をすることもできます。

●特定調停とはどんな手続きなのか

特定調停とは、裁判所に債権者と債務者が呼び出され、話し合いで紛争を解決する制度です。これは借金整理専門の民事調停です。裁判所や調停委員はあくまでも中立の立場ですから、すべて債務者に有利にことが運ぶわけではありません。しかし、通常は、債務額や返済方法に関して、債務者の資産状況に配慮した結果となってしまうことは否定できません。

また、特定調停はあくまで調停ですから、原則として調停相手とされた債権者が同意しなければ調停は成立しません。また、調停の効果は合意が成立した当事者だけに及びます。

特定調停は個人・法人（会社など）を問わず利用できます。ただ、会社における事業の再建においては、あまり利用されていないようです。

●強制執行することができる

特定調停は民事調停とほぼ同じ手続きです。話し合いがまとまれば、調停証書を作成して手続が終了します。当事者が合意に達しなければ調停は成立しませんが、合意が得られた調停案は調書に記載されると訴訟による確定判決と同じ効力をもつものとなります。つまり、調停内容に従った返済計画が実行されなければ、債権者は強制執行することもできるわけです。

■ 民事調停手続きの流れ

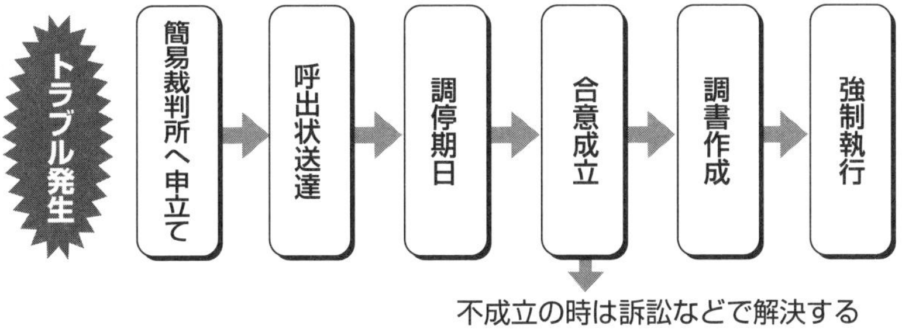

5 通常訴訟による回収について知っておこう

回収したい債権額と訴訟コストを天秤にかける

いよいよ本格的な債権回収

債権回収の最も本格的な手段は、**訴訟**を起こすことです。

訴訟を起こす最大のメリットは、勝訴すれば、最終的には相手方の財産に対して強制執行をし、債権回収の目的を果たすことができるということです。他の制度では、金銭などの請求に限られるなどの制約がありましたが、訴訟にはそうした制限もありません。また、１年、２年という短い期間で時効消滅する債権でも、判決で債権が認められれば、以後、時効期間は10年と長くなります。

ところで訴訟ほど複雑な内容の事件でなければ、１人で行うことも可能ですし、２～３か月程度で終了することもあります。金銭債権の請求であれば、こちらの住所地の裁判所の管轄です。さらに、勝訴すれば、訴訟費用は相手方の負担になりますから、その分も回収できます。しかし、訴訟を起こしても、100％勝てるという保証はありません。債権はあっても、訴訟で負けてしまうと、債権は回収できません。証拠の保存が十分でない場合、負けてしまうこともあります。

さらに、訴訟にかかる手間や時間・費用もバカにはなりません。裁判所に納める手数料は、請求金額、つまり訴訟物の価額によって異なります。また、証人を呼ぶ必要がある場合には、証人の日当や宿泊費として、それぞれ7000～9000円程度、それに交通費などが必要になります。証拠などについて鑑定が必要になれば、鑑定費用としてある程度の費用が必要となります。相手方が徹底的に争ってくる場合には、それなりの時間がかかります。

また、複雑な内容になってくれば、弁護士の助力が必要になります。

弁護士費用は、訴訟に勝ったとしても、原則としてこちらの負担になります。相手方の負担にできるのは、裁判所に納める訴訟費用だけです。結局のところ、訴訟にかかるコスト（手間・時間・費用）を総合的に判断して訴訟に踏みきるかどうか、判断することになるでしょう。

140万円が分かれ目

債権回収のような法的紛争を民事事件といいます。この場合、訴えを提起する裁判所は、簡易裁判所か地方裁判所になります。その区分けの目安は、140万円という金額です。訴訟の目的物の価額、つまり訴額が140万円以下の場合は簡易裁判所、140万円を超える場合は地方裁判所が、第一審の管轄裁判所になります。

申し立てる裁判所ですが、基本的には、「訴えは相手方のところへ出向いて」というのが原則です。つまり、被告の住所地を管轄する裁判所が扱うことになります。被告が会社などの法人の場合、主たる事務所（本社）または営業所の所在地、それがないときは、主たる業務担当者の住所地を管轄する裁判所が扱うことになります。また、当事者間で特に合意がなされていない場合には、債権の弁済は債権者の住

通常訴訟の手続きの流れ

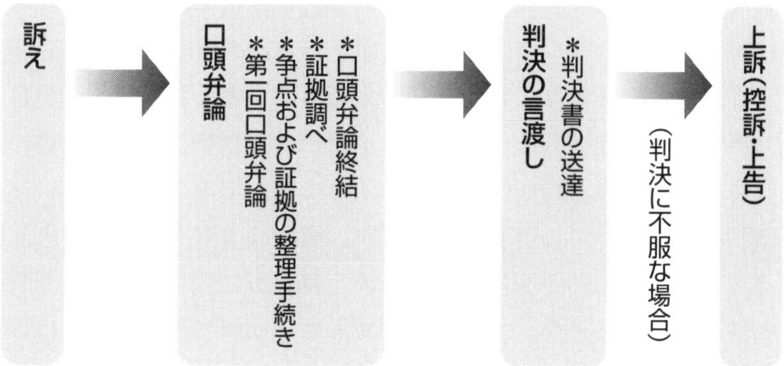

所地で行うのが原則とされていますから、債権者、つまりこちらの住所地を管轄する裁判所に訴訟を提起することもできます（義務履行地）。

なお、被告（債務者）が複数いて、それぞれの所在地が異なっている場合などでは、その複数の被告のうちの一人の住所地を管轄する裁判所にも、訴訟を提起することができます。もっとも、契約書を取り交わすような取引では、その契約書の中で、紛争になった場合の管轄裁判所の取り決めがなされているのが一般的です（合意管轄条項）。

訴状の提出から呼出状がくるまで

訴訟は、裁判所に訴状を提出することから始まります。訴状には債権者である原告の求める判決の内容を「請求の趣旨」、原告の主張の法的根拠を「請求の原因」として記載します。受理された訴状には、受付印が押され、事件番号がつけられます。訴訟は、この事件番号によって特定され、管理されます。その後、被告となる債務者には、第１回期日の呼出状と答弁書催促状と共に、訴状が送達されます。原告である債権者には、第１回期日の呼出状が送達されます。

裁判は、中立・公正な第三者である裁判官の前で、原告・被告双方がそれぞれ自分の言い分を主張し、それを証拠によって証明し合うという構造をとっています。

裁判では、被告が答弁書を提出し、原告の請求とその根拠となる事実に対する認否を行います。裁判官が、証拠調べなどによって心証を得れば、訴訟は終わり、判決期日が定められます。判決言渡しの日には、判決が言い渡されます。判決に不服がある当事者は、判決書送達後14日以内に上級裁判所へ控訴して争うことができます。

裁判で決着がつくこともありますが、実際には双方互譲しての和解によって終結することも多いようです。裁判所の方もタイミングを見て和解を勧めてきます。債権者としても債権回収の見込みがつけばよいのですから、和解に応じることも念頭においておきましょう。

6 少額訴訟について知っておこう

60万円以下の金銭請求に限られ、１回の期日で判決が出る

通常の訴訟とは違いスピーディ

とかく時間と費用のかかる民事訴訟手続についてスピーディな解決をはかるために導入されたのが、**少額訴訟**の制度です。少額訴訟で扱われるのは、60万円以下の金銭請求に限られています。たとえば、動産の引渡しを請求する訴えなどの場合には、この手続は利用できません。少額訴訟では、原則として１回の期日で双方の言い分を聞いたり証拠を調べたりして、直ちに判決が言い渡されます。通常の民事訴訟とは違い、少額訴訟では証拠はすぐに取り調べができるものに限られています。

通常の民事訴訟と違い、少額訴訟は一審限りで終結し、判決に対して控訴することは認められていません。不服がある場合、原告または被告は判決をした簡易裁判所に異議を申し立てることができるしくみになっています。異議が認められると、通常の民事訴訟手続に移行します。ただ、この場合も反訴や控訴はできません。

なお、同一の原告が同一の簡易裁判所に対して行える少額訴訟の申立回数は、年間10回までに限定されています。

少額訴訟の対象

対象となる主な金銭債権

- 売掛金
- 少額の貸付金
- ホテルなどの宿泊代金
- 飲食料金
- サービスメンテナンス料金
- 軽い物損事故などの賠償金
- 賃金
- 慰謝料
- 敷金・保証金
- 請負代金

少額訴訟でも訴状を作成する必要がありますが、簡易裁判所には、少額訴訟用の定型訴状用紙があらかじめ用意されています。これは窓口でもらうことができますので、訴状を作成する際に利用してみるとよいでしょう。定型訴状用紙は、貸金請求・売買代金請求・敷金返還請求・損害賠償請求といった個々の事件内容にしたがい、請求の趣旨・紛争の要点（請求の原因）が記入しやすくなっています。

訴訟費用の納付と証拠の提出

訴状を提出する際には、裁判所へ訴訟費用を納めなければなりません。請求金額に応じて納める手数料（収入印紙）と相手方の呼出しに使用する費用（郵便切手）などが必要になります。訴状の貼用印紙（収入印紙）は、請求する金額に応じて1000円～6000円の間におさまります。予納郵券（郵便切手）代は裁判所により異なります。

証人を取り調べる場合、その証人が日当などを請求するときは、日当・旅費に相当する額を事前に納付する必要があります。さらに、少額訴訟では１回の期日で審理を終えるために、契約書や借用書などの証拠書類（写し）を口頭弁論期日の前に提出しておかなければなりません。

少額訴訟手続きの流れ

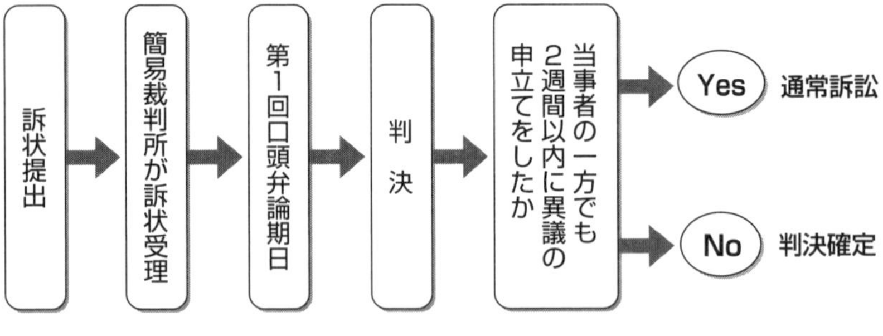

7 手形訴訟・小切手訴訟について知っておこう

手形の性格に対応した簡易迅速な手続きである

証拠が書証に限定される

トラブルが発生し、手形による金銭の支払いを裁判で請求する場合、**手形訴訟**という特別な訴訟手続を利用することができます。

通常の訴訟手続では、訴えの提起から判決まで、ある程度の時間がかかります。しかし、手形のような迅速な決済が要求される場合には、あまり時間がかかりすぎるのは困ります。そこで、手形に関する訴訟について、簡易迅速に権利の実現ができるように特別の手続が用意されています。それが手形訴訟です。手形訴訟の最大の特徴は、証拠が手形などの書証（契約書などの文書に記載されたその意味内容を証拠とする証拠調べのこと）に限られていることです。場合によっては本人尋問をすることはできますが、証人尋問はできません。

また、反訴（訴えられた被告が、同じ訴訟手続の中で、原告を相手に訴えを起こすこと）も認められていませんし、手形判決については、原則として控訴もできません。

ただし、手形判決が下されても、判決書が送達されてから２週間以内に異議申立てがあれば、手続は通常の訴訟へ移行します。この点では、支払督促（136ページ）の手続に似ています。さらに、審理は原則として１回で終了しますから、この点では、少額訴訟にも似ています。

なお、訴訟を提起する段階で、手形訴訟を選ぶか、通常の訴訟を選ぶのかは、原告が選択することができます。

訴状は通常の訴状と同じように書く

手形訴訟による審理・判決を望む場合には、訴状中に「手形訴訟による審理および裁判を求める」旨を明記する必要があります。普通は、「請求の趣旨」の最後に書きます。

「請求の趣旨」の書き方は金銭を請求する訴訟の場合と同様、元本と利息を明記します。ただ、利息は満期から法定利率と規定されていますので、利息については「令和○年○月○日から支払済まで年３分の割合による金員の支払い」と記載します。

「請求の原因」については、①原告が手形の所持人であること、②手形の内容、③裏書が連続していること、を記載します。

それ以外に、「売買代金である」「貸付金である」といった、手形を受け取る原因となった理由について触れる必要はありません。

これらの３点が主張立証されると、手形所持人である原告が手形上の権利者であると法律上推定されるしくみになっています。その場合、被告側が、原告が無権利者であることや、被告側が特別の抗弁事由を有することなどを積極的に主張したり証明しない限り、原告の請求が認められることになります。

判決には仮執行宣言がつく

審理が終了すると判決が出ますが、原告勝訴の判決には仮執行宣言がつきます。ですから、被告が手形判決に対して異議申立てをしただけでは、強制執行を止めることはできません。訴状や予納郵券（切手）を提出するところなどは、一般の訴訟の申立てと同じですが、あわせて証拠書類を添付するところに特徴があります。証拠書類としては、手形とそれにつけられている付箋のコピーの他に、領収書などの写しが必要になることもあります。

管轄裁判所は、被告の住所地または手形の支払地を管轄する裁判所になります。請求金額に応じて、簡易裁判所か地方裁判所かが決まります（145ページ）。振出人、裏書人など複数の債務者に対しても１つの訴えで訴訟を提起できます。

小切手訴訟を起こすには

小切手訴訟も基本的には手形訴訟と同様です。小切手訴訟では、書類しか証拠として取り扱われません。ほとんどが１回の審理で終了し、２～３か月のうちに判決が下されます。そのため、勝訴となればすぐに強制執行（162ページ）に移ることができます。

振出人や裏書人が支払いを渋るようなことがあれば、時効になる前に、いち早く小切手訴訟に踏み切るべきでしょう。

小切手が不渡りになった場合には、時効が成立する前の６か月以内に小切手訴訟を起こします。訴状には、原告の氏名と住所、被告の氏名と住所、事件の内容（「小切手金請求事件」と明記）、小切手金額、印紙代（小切手金の金額に応じて違う）、訴えの結論（「○○円支払え」などの請求の趣旨）、請求の原因（小切手の内容）などを記載して、小切手訴訟を求めることも明記します。さらに、小切手のコピーを添付しておきます。

■ 手形・小切手訴訟手続きの流れ

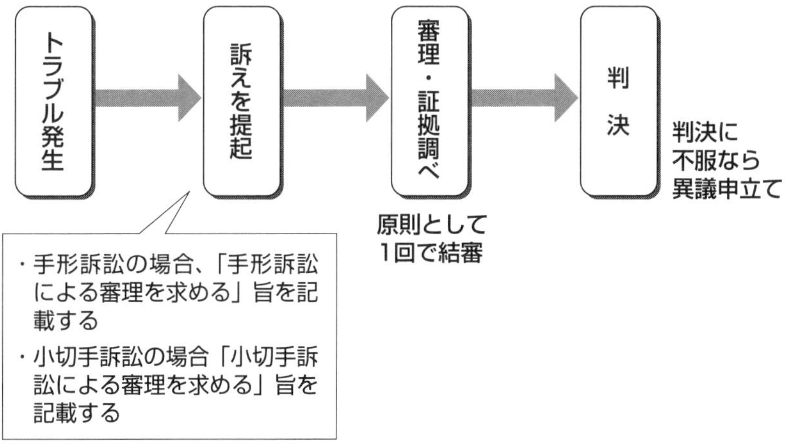

Column

代理受領と振込指定を利用した債権回収

債務者が第三者に対してもっている債権が、譲渡を禁止または制限されているものである場合（譲渡制限債権）は、債権譲渡を受けないで、支払いだけを受ける代理受領や振込指定という方法があります。どちらの方法も、譲渡が禁止されている債権についても可能な方法であることの他に、債務者や第三債務者（債務者の持っている債権の債務者）の協力が得やすいという特徴があります。しかし、債権譲渡のように第三者に債権の存在を主張する方法（対抗要件）がありませんので、回収前に対象とする債権を譲り受けたり、差し押さえたりした債権者が現れると負けてしまうというデメリットもあります。

① 代理受領

債権者が債務者から、対象とする債権について取立てと支払いを受領する権限の委任を受けて、これによって第三債務者から受領した金銭を、自分の債権の支払いにあてるという方法です。たとえば、建設業者が公共工事などを請け負う際には、発注者である官公庁に対して請負代金債権を持っていますが、その代金債権には原則として、譲渡禁止特約が付されています。このような場合には、代理受領を利用することで、譲渡禁止特約があっても債権回収をすることができ、債権譲渡に近い効果が得られます。

② 振込指定

第三債務者から債務者へする支払いを、債権者が指定する銀行口座にしてもらい、そこに振り込まれた金銭を自分の債権に充当しようという方法です。振込指定による回収を成功させるには、債務者の同意が必要になります。具体的には、債権者の銀行口座を振込口座に指定してもらう旨の振込指定書を作成し、債務者から第三債務者に通知を発送してもらうことになります。

第5章

保全手続き・
強制執行による回収

1 保全手続きについて知っておこう

裁判所を通した債権の保全手続きを理解しておく

債務者の財産隠しを封じておく

請求に応じない債務者に対しては、最終的に訴訟ということにならざるを得ないでしょうが、その前に、債務者の出方を封じておく必要があります。こちらが訴訟を起こしたということになると、起きてくるのが債務者の財産隠しです。場合によっては、こちらが訴訟を起こす前から、すでに財産隠しに着手しているという場合もあります。せっかく訴訟を起こして、強制執行できるということになったとしても、財産のない債務者からは何もとれません。強制執行してとり上げるだけの財産が債務者にないということになれば、多くの時間や費用をかけて、やっと手に入れた勝訴判決でもムダになってしまいます。そうならないためにも、債務者の財産隠しを封じる手を打っておかなければなりません。そのとき利用できる手段が**保全手続き**です。

保全手続きとは何か

訴訟を利用して債権を回収する場合、訴えの提起に始まり、審理の結果として勝訴判決を得てから債務者の財産に強制執行（国家が債権者の請求を強制的に実現する手続）をかけて、現実に金銭の支払いを得ることができます。このとき、勝訴判決を得たからといって、すぐに強制執行ができるわけではありません。勝訴判決をもとに、執行文つきの債務名義（163ページ）という書類を得て、はじめて強制執行が認められます。

このように、裁判手続により債権を回収するには、勝訴するまでにかなりの時間がかかり、勝訴してからもそれなりの時間がかかります。

では、その時間が経過する間に、債務者が自分の財産の中で価値の高い物を他の債権者や第三者に売却してしまったらどうなるでしょうか。

債務名義などの強制執行の準備が完了し、やっと強制執行手続きが開始したときには、債務者の元から価値の高い財産はすべて売却されており、せっかくの強制執行も実際には何の役にも立たないことになります。裁判に勝ったのに、債権の回収が事実上、不可能となる事態が生じる可能性もあるのです。

そこで、そのような事態を避けるために保全手続きという制度が存在します。つまり、保全手続きとは、債権者が強制執行をかける場合に備えて、債務者の財産をあらかじめ確保しておく制度をいいます。

仮差押と仮処分

保全手続きは大きく仮差押と仮処分の２つに分けられます。

①　仮差押

金銭の支払いを目的とする債権（金銭債権）のための保全手続きで、金銭の債務者が所有する特定の財産について現状を維持させる保全手続きです。たとえば、ＡがＢに対して金銭債権を持っているとします。この場合に、ＡがＢの土地を仮差押したときには、Ｂは自分の土地でも、その土地を売却したりする処分に制限が加えられます。このように、貸金返還請求訴訟を提起する前に、債務者の財産を保全する事例が最も多いケースです。

②　仮処分

仮処分は、仮差押と異なり金銭債権以外の権利を保全するために必要になります。仮処分には、「係争物に関する仮処分」と「仮の地位を定める仮処分」があります。具体的には、出版物の事前差止めの仮処分などがあります。

保全手続きの流れをつかむ

仮差押・仮処分の大まかな手続きの流れは以下のようになります。

まず裁判所に「仮差押命令」「仮処分命令」の申立てをします。この申立ては書面で行うのが原則です。次に、その申立てを受けた裁判所が債権者に審尋（面接）などをします。審尋では、保全の必要性や保証金の決定などについて裁判所が債権者に質問をします。さらに、裁判所が決定した仮差押・仮処分の保証金を納付します。その後に裁判所が仮差押・仮処分の決定をし、実際の執行がなされます。債務者に保全手続きを命ずるのは裁判所です。

①　保全命令の申立てをする

保全命令の申立ては、書面（申立書）によって行います。申立書には、被保全債権の内容とその保全の必要性を明らかにする資料、目的物の目録・謄本、などを添付します。申し立てる裁判所は、原則として、債務者の住所地を管轄する地方裁判所です。

②　被保全債権について疎明をする

仮差押・仮処分の申立てに際しては、被保全債権（保全してもらいたい債務者に対する債権）が実際に存在することを疎明する必要があります。疎明《そめい》とは、裁判官を一応納得させる程度の説明で、裁判で必要とされる「証明」よりも程度が緩やかなものをいいます。つまり、被保全債権が実際に存在することを裁判官に納得してもらえればよいのです。疎明に際しては、被保全債権についての債務者との契約書などを資料として提出します。

③　保全の必要性について疎明をする

保全手続きの申立てでは、被保全債権の存在が認められるだけでは不十分です。さらに、現時点で保全手続きをする必要性、つまり「保全の必要性」についても疎明する必要があります。

たとえば、ＡがＢに対してもつ債権の支払について、勝訴判決を得たとします。このとき、Ｂが唯一の財産である不動産を売却処分しようとしており、この不動産が処分されるとAが勝訴判決をとっても強制執行できる財産がなくなってしまう、などの具体的な事情が疎明できることが必要になります。

④　目的財産を特定する

仮差押を行う場合に、債務者のどの財産に仮差押をかけるかを明らかにするため目的財産を特定する必要があります。ただし、動産の仮

■ 仮差押手続きの流れ

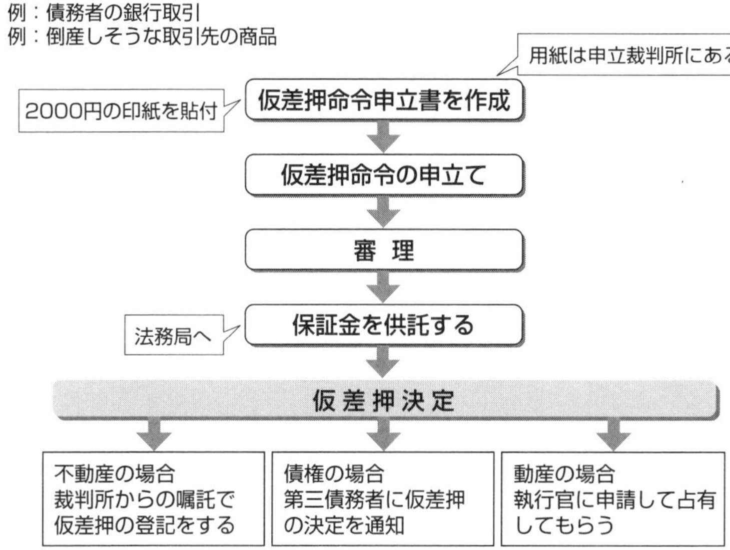

■ 仮処分手続きの流れ

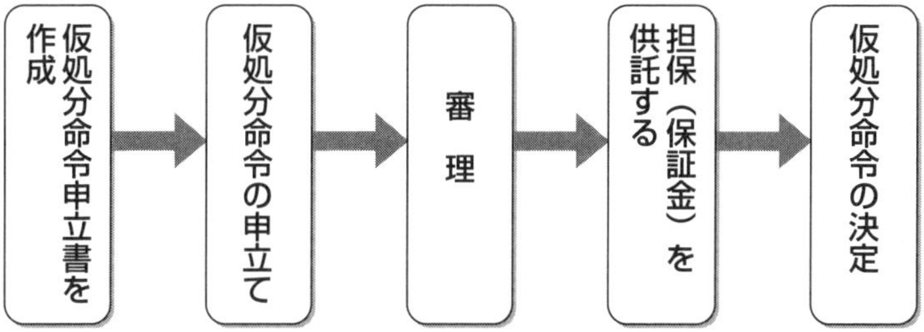

差押の場合には特定する必要はありません。

⑤　債権者の審尋をする

保全処分の申立てについての裁判所の判断は、申立書と疎明資料だけでなされるのが原則です。これは、保全手続きの迅速性を確保するためです。しかし、実際には審尋という手続がなされています。これは、裁判所に債権者が出頭し、裁判官に疎明資料の原本を確認してもらい（裁判所には通常資料のコピーを提出します）、保全手続きの必要性について疎明する手続です。

⑥　担保（保証金）を立てる

仮差押・仮処分は、債権者の言い分だけに基づく、裁判所による「仮の」決定です。後日、債権者が訴訟提起をして敗訴することもあります。そのような場合には、仮差押・仮処分の相手には、損失が生じる可能性があります。そこで、裁判所は、債務者が被る損害賠償を担保する目的で、債権者（申立人）が一定額の保証金を納付することを求めます。

債権に対する仮差押

保全処分として、債務者が第三者に対してもつ債権を差し押さえることもできます。たとえば、ＡがＢに対して被保全債権をもっていて、ＢはＣ（第三債務者）に対して債権をもっているとします。このとき、ＡはＢのＣに対する債権の仮差押ができます。

債権の仮差押をする場合には、債務者の第三債務者に対する債権の存否などを確認する必要があります。

なぜなら、債務者が第三債務者に対して債権をもっていなかったり、その債権の金額が被保全債権の金額に不足していたりするのでは、仮差押をしてもムダだからです。そのため、仮差押命令の申立てと同時に「第三債務者に対する陳述催告の申立て」も行います。

2 担保・仮登記担保の実行はどのように行うのか

相手方の状況を見きわめてタイミングよく担保権を実行する

■ 抵当権が代表的

一定の債権の支払いを確保するために、担保設定者（多くの場合は債務者）の特定の財産に対して、当事者の合意や法律上当然に設定される権利を物的担保といいます。抵当権が代表的です。取引先である相手方が任意の支払いに応じなければ、法的手続に入ります。相手方が協力している場合でも、法的手続の準備をするべきでしょう。

①　債権の取立てを実行する

相手方が第三債務者に対して債権を持っている場合は、相手方が法的手続に入る前に第三債務者から取り立てて優先的に回収します。

②　譲渡担保権を実行する

集合動産の譲渡担保（たとえば、「倉庫内の在庫商品すべて」を目的とする譲渡担保）を取得している場合はすぐに担保権を実行すべきです。

③　動産売買の先取特権を行使する

自社商品が売買され、代金が未回収の場合には、代金債権を差し押さえます。

④　不動産担保権を実行する

担保にしていた抵当権を実行します。実行方法としては、抵当不動産を競売にかける方法が一般的ですが、抵当不動産を管理し、家賃収入を得る方法もあります。

■ 譲渡担保権の実行

債務者から担保をとりたい場合でも、担保としてとれそうなものが営業用の機械や商品などの動産しかない場合には、譲渡担保の方法が利用されています（109ページ）。譲渡担保は、担保目的物の所有権を債権者に移転して、引き続きその物を債務者が債権者から借り受け、使用を続けるというものです。債務者が期限内に債務を履行すれば、目的物の所有権は債権者から債務者へ戻されます。

譲渡担保権の実行方法についても、原則として、当事者が契約で自由に定めた方法で行うことができます。譲渡担保の目的物は、債務者の手元に置かれているので、債権者が第三者に対して所有権を主張するためには、少なくとも契約書を作成して、担保権の内容をはっきりと定めておくことが欠かせません。

債務不履行が生じたら、まず債権者が譲渡担保権を実行する旨を通知して、担保目的物の所有権や債権者としての立場を確保します。そして、たとえば目的物を債務者に使用するのを許していた機械などの動産については、債務者に引渡しを求めます。債務者がこれに応じなければ、仮処分をした後、引渡請求訴訟を起こすことになります。その上で、債権者が目的物の処分などをします。

仮登記担保の実行

仮登記担保とは、債務者が債務の履行を怠ったとき、当然にあるい

強制執行・担保権の実行

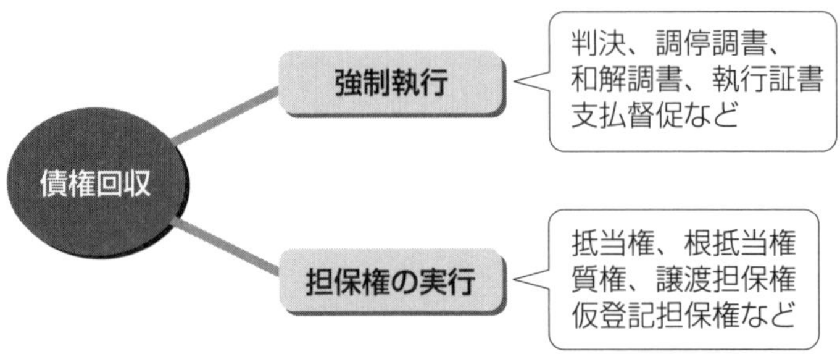

は債権者の意思表示によって所有権が債権者に移転する契約であり、仮登記することによって発生する担保権です（111ページ）。競売の申立てはできませんが、他の債権者の申立てによる競売開始後は、仮登記のまま優先的に配当を受けることができます。

仮登記担保権者は、担保権の実行によって目的物の所有権を取得できます。まず、債務不履行が生じた場合には、債権者は、代物弁済の予約などの予約完結の意思表示をすると共に、債務者などの担保目的物の所有者に、清算金見積額の通知をする必要があります。

この清算金とは、目的物（担保にした債務者の土地など）の価額が債権額を上回っているときの差額のことです。清算をしないと債務者が損をするからです。

この通知が債務者などに到達して、２か月の清算期間が経過しなければ、目的物の所有権は取得できません。この清算金見積額は、目的物の見積額や、その時の債権額などとあわせて通知します。また、仮登記後に登記した後順位の抵当権者などがいる場合には、これらの者に対しても同様の通知をする必要があります。その後、他の担保権者や一般債権者から競売申立てがなされないまま２か月の清算期間がすぎると、債権者は清算金を支払うのと引き換えに、担保目的物の所有権移転の本登記と引渡しを受けることができます。

■ 仮登記担保の実行

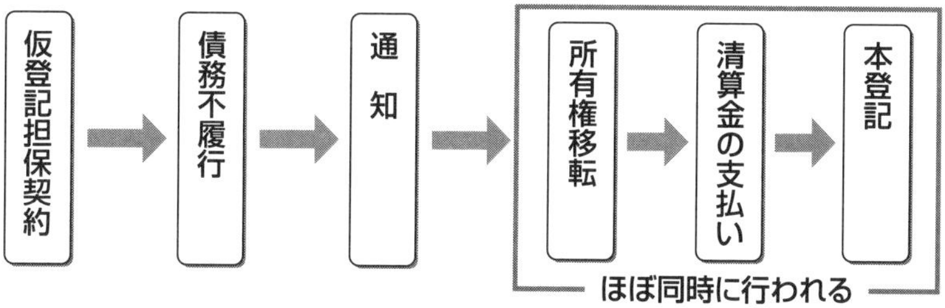

3 強制執行について知っておこう

執行裁判所への申立てを行う

権利実現の手段

和解や調停、支払督促または訴訟による判決であっても、そこで定められている内容を具体的に実現するには、債権者は、最終的には民事執行という手段をとらなければならないことになっています。

民事執行とは、国家権力による民事上の強制手段で、強制執行・担保権の実行としての競売（担保執行）などの総称です。

強制執行は、任意に義務が履行されない場合に、国家権力によって強制を加えて、履行があったのと同じ状態を作り出す手続です。

担保執行は、抵当権・質権などに基づいて、その目的財産を競売その他の方法で強制的に換価（売却）して、債権を回収する手続です。

両者は、その性質も対象も異なる点がありますが、いずれも債務者の財産を強制的にとり上げて、債務の支払いにあてる制度です。この段階ではじめて債権回収が完結します。

債権回収で頻繁に行われるのは、不動産執行・動産執行・債権執行です。強制執行をするには、裁判所に申し立てなければなりません。強制執行手続きに関与する裁判所を特に執行裁判所と呼んでいます。

執行裁判所となるのは、原則として地方裁判所です。具体的にどこの地方裁判所に申し立てるかは、金銭執行の対象となる財産によって異なります。債権者は不動産執行・動産執行・債権執行のどの申立てをしても、またすべての申立てをしても大丈夫です。

債務名義が必要

不動産執行をする場合には、その不動産の所在地を管轄する地方裁判所に申立てをします。動産執行をする場合には、目的動産の所在地を管轄する地方裁判所に所属する執行官に対して申立てを行います。

強制執行には各種の手続がありますが、その申立てをするには、共通の前提条件があります。①債務名義、②執行文、③送達証明書の３点セットが必要になります。

債務名義とは、強制執行によって実現される請求権（債権）が、たしかに存在するということを公に証明する文書で、執行力、つまり強制執行してもよいという効力を認めたものです。証書の形式やそれを作成する機関などの違いに応じて、さまざまなものがあります。債務

■ 債務名義になるもの

債務名義になるもの	備　考
判決	確定しているものでなければならない 執行申立てに、執行文、送達証明書、確定証明書が必要
仮執行宣言付きの判決	確定していないが一応執行してよいもの 執行申立てに、執行文、送達証明書が必要
支払督促＋仮執行宣言	仮執行宣言を申し立てる 執行申立てに、送達証明書が必要
執行証書	金銭支払のみ強制執行が可能 執行申立てに、執行文、送達証明書が必要
仲裁判断＋執行決定	執行決定を求めれば執行できる 事案によって、執行文、送達証明書、確定証明書の要否が異なる
和解調書	「○○円払う」といった内容について執行可能 執行申立てに、執行文、送達証明書が必要
認諾調書	請求の認諾についての調書 執行申立てに、執行文、送達証明書が必要
調停調書	「○○円払う」といった内容について執行可能 執行申立てに、執行文、送達証明書が必要

※一部の家事事件についての調停証書や和解調書については、執行文は不要

名義には、①少額訴訟の判決、②仮執行宣言付少額訴訟の判決、③仮執行宣言付支払督促の３つを除いて、さらに、執行文をつけてもらうことが必要です。執行文は、債務名義に記載されている請求権が、ある特定の債務者に対して、現在執行できるものであることを公に証明する文言です。裁判所書記官や公証人に申し立て、債務名義正本の末尾に付記してもらいます。

この２つがそろって、債権者はやっと執行力のある債務名義の正本(判決正本）を手にしたことになるのです。執行文が付与された債務名義は、強制執行の絶対的条件です。

最後に、強制執行を開始する際には、債務者に債務名義が送達されていることが必要です。これは、債務者にどのような内容の強制執行がなされたのかを知らせ、強制執行に違法な点があった場合に備えて防御の機会を与えるためです。

強制執行の種類

大きく分けて金銭執行と非金銭執行がありますが、この２つの他に仮差押・仮処分の執行もあります。

金銭の支払いを目的とする強制執行（金銭執行）は、強制執行の対象に従って、ⓐ不動産、ⓑ動産、ⓒ債権、ⓓその他の財産権、に対する強制執行にそれぞれ分類されます。担保権の実行も強制執行と同様の手続きで行われます。

金銭の支払いを目的としない強制執行（非金銭執行）には、たとえば、土地を借りている賃借人が、期限が切れたのに土地を明け渡さない場合に、建物を収去し、土地を明け渡してもらうための強制執行、売買契約を締結し代金も支払ったのに売主が目的物を引き渡さない場合に、目的物の引渡しを実現するための強制執行などがあります。

■ 何に対して強制執行をするか

債権者としては、強制執行の手続きを進める前提として、何に対して強制執行をかけることができるのかを把握しておく必要があります。何に対して強制執行をすることができるのかを把握したら、債務者の具体的な財産状況に応じて、どの財産に対して強制執行をするのが効果的なのかについて検討することになるのです。

① 不動産に対する強制執行

不動産は高価な財産です。そのため、債務者が不動産を所有している場合には、金銭に換価して、債権を回収できる可能性は高いといえます。動産とは違い、隠すことは非常に難しいのです。ただ、財産状態の悪い債務者については、すでに不動産に抵当権などの担保権が設定されているケースが多いので、その場合には担保権者に優先されてしまいます。なお、不動産については法務局で登記を調査します。

② 動産に対する強制執行

動産とは不動産以外の有体物です。具体的には、宝石などの貴金属、テレビなどの家財道具などを意味します。ただし、船舶・自動車・飛行機などの登録されている動産については、特別な取扱いがなされているので注意が必要です。法律的に動産として扱われているものには、裏書が禁止されていない有価証券、たとえば、株券・約束手形・小切手などがあります。これらは現金化しやすく高価なものが多いので、強制執行の対象としては有効です。

③ 債権に対する強制執行

債権とは、特定の者が特定の者に対して給付をすることを請求することができる権利一般です。ただ、ここで対象となりうる債権は、通常は金銭債権ということになります。具体的には、会社員の会社に対する給与債権、預金者の銀行に対する預金債権、国に対する国債、その他、貸金債権、代金債権などです。そのまま金銭になり、金額も明確なので、強制執行の対象としては有効です。

4 強制執行の財産の調査について知っておこう

第三者からの情報取得制度が新設されて実効性が高くなった

十分な調査が不可欠である

債務者がどのような財産をどこに保有しているのかを事前に調査しておくことは、強制執行にあたっては不可欠な要素です。貸金や売買の契約を締結する際に、それとなく債務者の財産状態を聞き取っておくことも大切です。対象となる財産によって、調査の方法はもちろん、調査すべき力点も異なってきます。

不動産の調査をする

不動産の特徴は何といっても、登記によって世間一般に対して財産状態が公示されていることです。登記とは、不動産の情報を法務局にある登記簿という公簿に記録することをいいます。

登記は不動産の権利関係を公示するものです。そのため、登記簿は誰でも見ることができるようになっています。登記簿を見れば、不動産の所有者や、その不動産に設定されている抵当権がわかります。つまり、不動産は隠すこともできませんし、不動産をめぐる他の法律関係も把握することができるので、他の強制執行の対象とは異なって比較的調査はしやすいといえるでしょう。

預金債権の調査をする

債権は、第三債務者（債務者が有する債権の債務者）が確実な資産を保有している限り、強制執行の対象としては有効なものとなります。債務者が会社員である場合の勤務先、預金者である場合の銀行・信用金庫、事業者である場合の経営状態の良好な取引先は、確実に債権を回収するための相手となります。

財産開示手続きとは何か

金融機関が金銭の貸付けを行う場合には必ず抵当権などの担保権を設定します。このように、最初から相手の財産がはっきりしていて、担保権を確保していればよいのですが、そうでない場合には、実際のところ債権の回収が困難になるケースも多々あります。せっかく苦労して裁判に勝つなどしても、相手の財産の有無・所在などがはっきりしていないと意味がありません。そこで、民事執行法は債務者の財産を開示させる制度として**財産開示手続**を置いています。

ただ、従来の財産開示手続きは、債務者の自己申告によるため、嘘をついた場合でも30万円以下の過料しか科せられないことから、強制力が弱く、実効性に乏しい制度でした。そこで、2019年５月に民事執行法の一部が改正され、実効性のある手続きとして「財産開示手続き」が生まれ変わりました。

具体的には、申立権者の範囲の拡大や罰則の強化に加え、第三者から債務者の財産に関する情報を取得できる制度が新設され、2020年４月から施行されています。

第三者からの情報取得制度の新設

執行裁判所に申立てをすれば、執行裁判所は銀行や証券会社などの金融機関や登記所、市町村や日本年金機構等に対し情報の提供を命ずることができます。

これにより、法務局は債務者が登記名義人となる土地や建物に関する情報を、市町村や日本年金機構は給与債権（勤務先）に関する情報を、金融機関は債務者名義の預貯金債権や上場株式、国債等に関する情報を回答する必要があります。

申立てをすることができるのは、執行力のある債務名義の正本を有する金銭債権の債権者と、債務者の財産について一般の先取特権（法律の定めによって発生する特殊な担保権）を有することを証する文書を提出した債権者です。

なお、給与債権に関する情報については、養育費・扶養義務等に関する債権や生命・身体侵害による損害賠償請求権を有する債権者のみが申立てをすることができます。

その他の改正ポイント

これまで財産開示手続きは、確定判決等を有する債権者に限定され、債務名義であっても、仮執行宣言付判決や仮執行宣言付支払督促、執行証書（期限内に返済しなければ、債務者は強制執行に服することを認めるという文言が入った公正証書）を有する債権者は除外されていたため、公正証書により金銭の支払いの取り決めをした場合は、手続きを利用できないという弊害がありました。

そこで、改正法は、申立てをすることができる者を単に「執行力のある債務名義の正本を有する金銭債権の債権者」とし、申立権者の範囲を拡大したため、公正証書の場合でも利用が可能になりました。

また、従来、債務者が虚偽の陳述をした場合や出頭を拒んだ場合、30万円以下の過料しか科せられなかったため、財産に関する嘘の申告や出廷しない債務者もおり、強制力が弱いとの指摘がありました。そこで、改正法では不出頭や虚偽陳述に対する罰則を強化し、不出頭には６か月以下の懲役または50万円以下の罰金という刑事罰による制裁を科すことで、手続きの実効性の向上を図っています。

財産開示手続きの流れはどうなっている

申立先は、原則として債務者の住所地を管轄する地方裁判所です。申立ての期間は制限されています。過去３年以内に債務者について、財産開示手続きが実施されている場合には手続きができません。なお、債務者が一部の財産を開示していなかった、新しい財産を取得した、債務者と使用者との雇用関係が終了した、といった事情がある場合には、例外的に財産開示手続きが実施されます。

申立ては、申立書に申立てができる債権者であることや申立て理由、証拠などを記載して提出します。申立てを受けた裁判所は、財産開示手続開始を決定し、債務者を呼び出します。

呼び出しを受けた債務者は事前に財産目録を作成・提出した上で、期日に裁判所に出頭します。出頭した債務者は、自分の財産について陳述し、これに対して債権者は裁判所の許可を得て質問をすることができます。

なお、第三者からの情報取得手続きを申し立てる場合は、債務者の住所地（住所地がない場合には情報提供を命ぜられる者の所在地）を管轄する地方裁判所へ申し立てることになります。申立てを受けた裁判所は申立てを認める決定をすると、金融機関や登記所、市町村や年金機構等に対し債務者の財産に関する情報の提出を命じます。命令を受けた金融機関等は必要事項を裁判所へ書面で回答し、裁判所から申立人に書面の写しが送付されることになります。なお、取得情報を目的外で利用した場合は罰則が科せられます。

■ 財産開示手続きの流れ

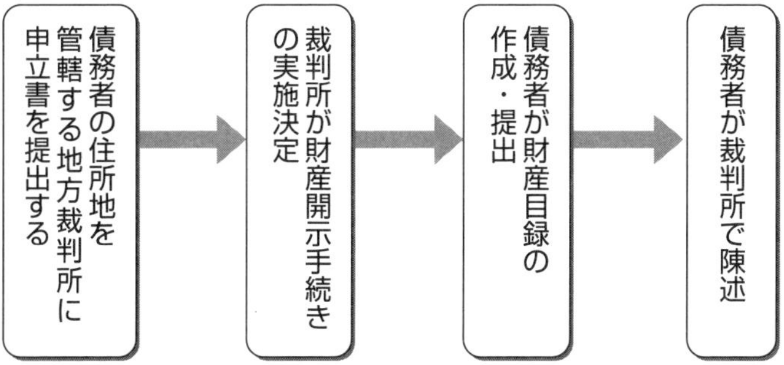

5 動産に対する執行手続きについて知っておこう

差押禁止の動産もあるので注意する

動産の強制執行とは

動産の強制執行とは、債務者の所有する動産を差し押さえて、それを競売にかけ、その売却代金から配当を受け、債権の回収を図る手続きです。不動産は所有権の他にもさまざまな権利義務の対象となっており、財産価値も高いので、競売にあたっては慎重さが強く要請されます。それに対して、動産の場合は、取扱いもしやすいため、競売の手続きは、不動産の場合に比べてかなり簡単なものになっています。

動産に対する執行も不動産に対する執行と同様に、債権者の申立てによって始まります。申立書や添付書類などの書面を提出することも同じです。ただ、不動産の場合と明らかに異なる点としては、執行機関が裁判所ではなく、執行官だということです。執行官は、裁判所にいるのですが、自ら債務者の下に行き、動産を差し押さえます。そして、競売を行うのも執行官の仕事です。

執行官により差押えがなされ、競売がなされると、その売却代金から配当がなされます。

執行の対象とならない動産もある

動産とは「土地およびその定着物以外の物、ならびに無記名債権(証券に債権者名が書かれていないもの、商品券など)」です。一般には、時計や宝石などの高級品や株券などが動産執行の対象となります。

ただ、執行できないものもあります。債務者とその家族が当面生活していけるだけのものは残さなければなりません。民事執行法では、２か月間の必要生計費として66万円の金銭は執行禁止としています。

また、生活に必要な１か月間の食料および燃料についても執行の対象にはできないと定めています。

執行官に申し立てる

動産に対する強制執行は、動産の所在地を管轄する地方裁判所に所属する執行官に申し立てます。

執行する場所は、債務者の自宅、倉庫、店舗などと特定する必要がありますが、その場所にあるどの動産に対して執行するかまでは特定する必要はありません。申立手続は、下図のように進んでいきます。

売却する価格について、動産の売却には不動産の強制競売のように売却基準価額という制度はありません。ただし、株式などの取引所の相場のある有価証券は、その日の相場以上の価額で、貴金属またはその加工品は、地金としての価額以上の価額でそれぞれ売却しなければなりません。動産ごとに個別に売却するのが原則ですが、数個の動産を一括して売却することもできます。

動産執行手続きの流れ

例）住居や店舗内の金品を差し押さえたい

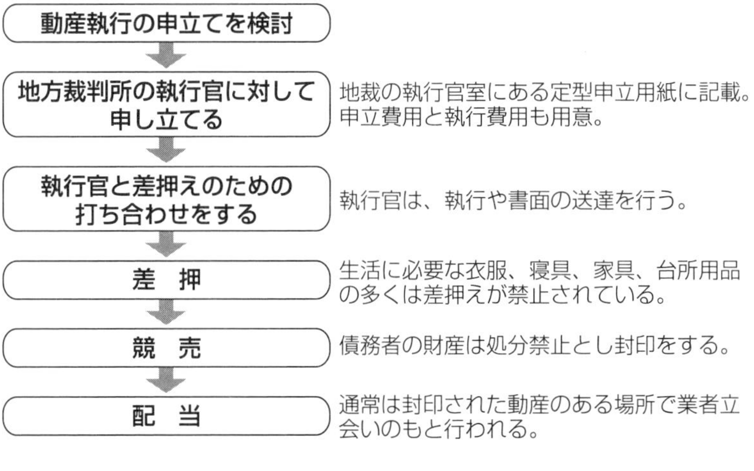

6 不動産執行について知っておこう

不動産という財産の特徴をよくとらえておく

不動産執行の特徴とは

強制執行に基づく競売でも、担保権の実行による競売でも、競売手続きの中心は不動産競売（不動産競売）です。不動産は価値が高く競売を実施すれば、ほとんどの場合に売却代金を得られ、債権者に配当することができるからです。不動産執行は特徴のよく現れる強制執行であり、その長所と短所をよく理解しておくことが大切です。

① 不動産執行の長所

不動産執行のもっている長所は、一言で言って、債権回収の確実性が高いということです。債権回収の確実性が高いということは、以下の２点から裏付けることができます。

・財産価値が高い

不動産執行の長所は、何と言っても、強制執行の対象となる財産の価値が高いということです。財産の価値が高いということは、競売して現金に変えたときにそれだけ多額の現金に換価され、ひいては、債権をできるだけ多く回収できる確率が高くなるということです。

競売にあたっては、通常の市場価格よりも安くなるとはいえ、やはり、それなりの価格がつけられ、取引されています。債務者や保証人が不動産を所有している場合には、その不動産に狙いを定めるのが強制執行の常道です。

・隠しにくい

不動産執行の長所としては、隠しにくい財産ということが挙げられます。不動産は、読んで字のごとく、「動かざる財産」です。大地震や水没でもない限り、所在に変動は生じません。さらに、不動産については登記制度が採用されているので、法務局（登記所）に行けば、その不動産の物理的状態から権利関係に至るまで、誰でも調査することができます。公示により、なかなか隠すことはできないため、債権者としては、強制執行の狙いがつけやすくなるわけです。

② 不動産執行の短所

不動産執行には大きな長所がありますが、この長所があるゆえの短所も否定できません。

・担保権設定の対象となりうる

不動産は高額なため、債権回収の確実性が高くなると説明しました。しかし、このことは、他の債権者にもいえることです。そのため、債権が発生する際に、抵当権などの担保権を不動産に設定しておいて、債権の確実な回収を図ろうとする者がいることは、むしろ当然のことです。もともと担保権の設定を受けていない一般債権者が、不動産に対して強制執行をかける場合に、すでに担保権が設定され、登記されていれば、その者に優先されざるを得ません。仮に不動産が5000万円で競売されたとしても、4000万円の債権を担保する抵当権が設定されていたら、残りの1000万円からしか債権を回収することはできないのです。

・手続きが面倒である

不動産執行は、対象となる財産の価値が高いだけに、より慎重な手続きが要求されます。そのため、不動産執行にあたっては、手続きに

■ 不動産執行のメリット・デメリット

メリット	財産価値が高い	債権回収の確率が高くなる
	隠しにくい	所在に変動がなく、登記制度によって公示されている
デメリット	担保権設定の対象となる	他の債権者によって抵当権などの担保権が設けられている
	手続きが面倒	慎重な手続きが行われるため、時間がかかる

時間や費用がかかることは否めません。裁判所に申し立ててから配当が完了するまで、それなりの時間・費用は覚悟しておくべきでしょう。

不動産執行の対象とは

不動産執行の対象は、もちろん不動産です。厳密には、地上権や永小作権も執行の対象となりますが、とりあえずは、通常の土地と建物を、執行の対象としてイメージしておくとよいでしょう。

土地や建物が単独所有にかかる場合だけではなく、共有状態にある場合でも、その共有持分に対して強制執行をかけることは可能です。

たとえば、ＡとＢでリゾートマンションを共有している場合に、Ａの持分に対して執行するケースや、Ｘが死亡して、その所有する土地を２人の相続人Ｙ、Ｚが相続している場合に、Ｙの持分に対して執行するケースなどです。なお、登記していない不動産についても強制執行をかけることはできます。

不動産競売手続きを申し立てる

不動産は財産的価値が非常に高く、しかも、利害関係人が多数存在している可能性があります。そのため、不動産を対象とする強制競売では、慎重を期した手続きが予定されています。手続きの概略は以下のようになっています。なお、不動産に対する執行には、強制競売と強制管理がありますが、ここでは、強制競売について解説します。

①　申立てから始まる

競売は、債権者が管轄の裁判所に対して、申立てをすることから始まります。申立ては、申立書を提出して行うことになっています。

また、申立書本文に加えて、当事者目録、請求債権目録、物件目録を作成、添付します。その他に、執行力のある判決正本、送達証明書、不動産登記事項証明書、公課証明書などの添付書類を添えて提出します。その他、図面や当事者が法人の場合には商業登記事項証明書などの資格証明書などが必要になります。申立手数料は4000円です。収入印紙を申立書に貼付して、執行裁判所に納めます。また、不動産を競売する場合には、競売物件の評価や価額の調査などに費用がかかりますが、その費用は申立人が裁判所に予納することになっています。

裁判所は申立書を審査して、問題がなければ競売開始決定をします。開始決定の正本は債務者に送達されるので、それによって債務者は手続きが始まったことを知ることができます。

② 現状を凍結する

競売開始決定がなされると、対象となっている不動産には「差押え」が行われます。不動産をめぐる法律関係が変動すると手続きが円滑に進められませんし、債務者が債権者の先手を打って不動産を売却して現金化してしまうおそれがあります。そこで、差押えを行って、その不動産に関する処分を一切禁止するのです。このように現状を凍結しておいてから競売手続きに入っていくわけです。

具体的には、裁判所（裁判所書記官）から法務局（登記所）に対して、差押登記が嘱託されます。

③ 調査をする

現状が凍結されると、裁判所は競売に必要な情報の収集を始めます。情報とは、当該不動産をめぐってどのような債権が存在するのかとい

■ 不動産の強制執行手続きの流れ

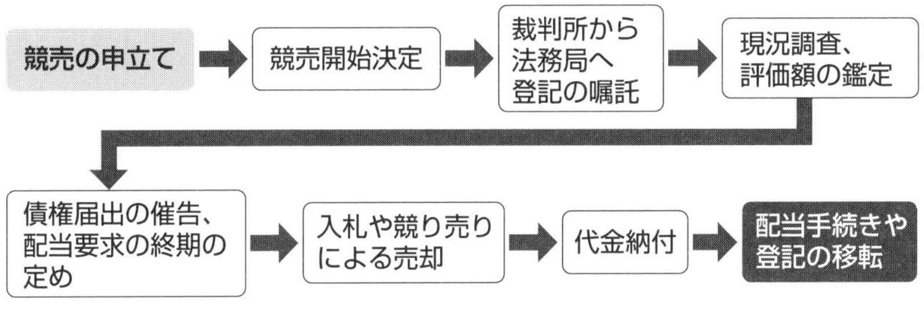

うことと、不動産自体にどれだけの価値があるかということです。裁判所は、登記されている抵当権者や仮登記権利者などに対して、期間内に債権の届出をするように催告します。届出によって、申立人の債権以外に、どれだけの債務を不動産が負担しているのが判明します。

さらに、裁判所は、執行官に対して現況調査命令を発し、不動産の占有状態などを調査させ、評価人に対して評価命令を発し、不動産の評価額を鑑定させます。この結果、現況調査報告書と評価書が作成され、裁判所に提出されます。

④　競売をする

裁判所は提出された現況調査報告書と評価書を基に、不動産の売却基準価額を決定します。そして、売却期日（期間）も決定し、それらの情報を物件明細書として、誰もが閲覧できる状態にします。これを閲覧して競売に参加することができるのです。競売の方法としては、競り売り方式と入札方式がありますが、現在では、ほとんどが期間内での入札方式が採用されています。競落人が決定し、その者が代金を納付したら所有権登記も移転します。

⑤　配当をする

不動産の代金が納付されると、配当段階に入ります。裁判所は配当期日を指定し、申立人や届け出た債権者たちに対して、配当期日に配当を行うことを通知します。納付された不動産の代金ですべての債権を満たすことができない場合には、それぞれの債権者に対する配当額は、担保権の優先順位や債権額に応じて決定されます。

なお、不動産の強制競売手続きは、最後に配当を受けるまで、比較的順調にいっても１年前後はかかります。

7 担保不動産競売について知っておこう

裁判所に担保不動産競売申立書を提出するところから始まる

■ 担保不動産競売とは

抵当権や根抵当権（一定の範囲に属する不特定の債権を極度額まで担保する形式の抵当権）が設定されている不動産を競売にかけて、強制的に売却・換価する手続きのことを**担保不動産競売**（担保権の実行としての競売）といいます。担保不動産競売の流れは、前述した債務名義に基づく競売とほぼ同じです。

まず、担保権者（抵当権者や根抵当権者）が裁判所に対して担保不動産競売申立書を提出します。それを受けて、裁判所は競売開始決定をします。同時に不動産については差押えの登記がなされます。その後、実際に不動産の競売が実施されて競落人が確定します。競落人が売却代金を支払うと、担保権者への配当がなされて債権回収が図られます。担保不動産競売は、担保権を設定していることが条件ですが、確定判決（不服申立てができなくなった判決）を経ることなく迅速に債権回収を図ることが可能です。

■ 担保不動産競売の申立てをするための要件

担保権者が担保不動産競売の申立てをするための要件として、以下のものが挙げられます。

①　担保権が有効に存在すること

当然のことですが、担保不動産競売を申し立てるためには、担保権（抵当権や根抵当権）が有効に存在していなければなりません。

担保権は債権を担保するために存在する権利なので、その前提として被担保債権（担保権によって保証されている債権のこと）が存在していることが必要不可欠です。たとえば、当初から被担保債権が存在しないのに抵当権設定契約が結ばれても、その抵当権は無効です。被担保債権が有効に成立していたとしても、その後に弁済されるなどして消滅した場合は抵当権も消滅しますので、この場合も担保権が有効に存在しているとはいえません。

また、被担保債権が有効に存在していても、担保権自体が有効に存在していなければなりません。たとえば、詐欺や強迫によって結ばれた抵当権設定契約が取り消されたときは、担保権が有効に存在しているとはいえません。

もし、担保権が有効に存在していないにもかかわらず、担保不動産競売が申し立てられると、債務者（不動産の所有者）から異議が申し立てられて、競売開始決定が取り消されます。

申立てをする際には、担保権の存在を証明する書類を提出しなければなりません。通常は、担保権の設定が登記されているはずなので、担保権が設定された不動産の登記事項証明書を提出します。もっとも、登記は第三者に対して担保権を主張するための要件（対抗要件）にすぎないので、登記がなくても担保不動産競売の申立てはできます。未登記あるいは仮登記の担保権の場合は、確定判決の謄本や公正証書の謄本など、強力な証明力のある書類の提出が要求されます。

なお、担保不動産競売の申立てにあたって、被担保債権の存在を証明する書類を提出する必要はありません。被担保債権の不存在は、不動産の所有者の側から、競売開始決定への執行異議などで主張することになっています。

②　被担保債権が履行遅滞にあること

①の担保権が有効に存在することの前提として、被担保債権が有効に存在していることが必要だと述べました。ただ、被担保債権については、有効に存在していればよいというものではなく、債務者が履行遅滞（履行期に債務を払わないこと）に陥っていることが必要とされ

ます。
履行遅滞というためには、債務者が期限を守っていないだけではなく、それが違法であること（履行しないことについて法律上正当な理由がないこと）が必要とされます。たとえば、売買契約の代金が期限までに支払われなくても、売主が商品を引き渡していないのであれば、債務者の代金未払いに正当な理由があり、履行遅滞は成立しないと判断される可能性があります。
また、債務が分割払いの形式をとっている場合には、期限の利益喪失約款が問題となります。期限の利益喪失約款とは、債務者が分割払いを怠ると、残金全額について弁済期限が到来するという規定です。分割払いの形式をとっている契約では、期限の利益喪失約款を採用しているケースが非常に多いようです。
期限の利益喪失約款がある場合、債務者に残金全額の支払義務が生じるための条件として、債権者による意思表示を必要としている場合と、意思表示は必要なく自動的に生じるとしている場合があります。期限の利益喪失により債務者が履行遅滞に陥っている場合には、そのことも申立書に記載して明確にしなければなりません。

■ 担保不動産競売の流れ

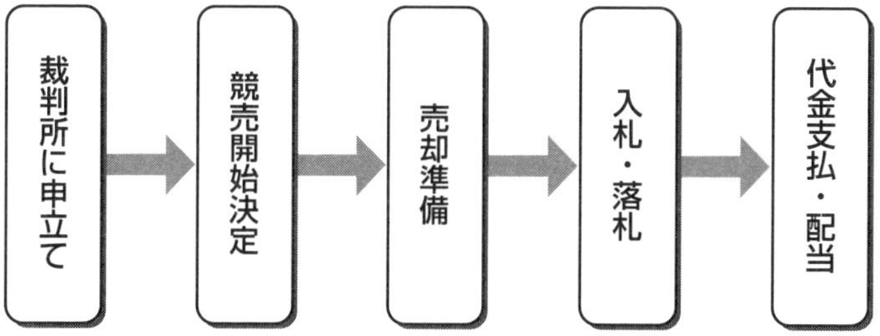

8 任意売却について知っておこう

競売のデメリットを理解するとわかりやすい

金融機関が行う任意売却とは

競売は、手間と時間がかかる上に、納得できるような金額で回収できない場合があります。そのため、金銭を貸し付けた金融機関にしてみると、競売によらずに買受人との直接交渉で売買を成立させる方法により債権の回収を図る方が効率のよい場合があります。このような金融機関の債権回収の方法が**任意売却**です。

競売のデメリットと任意売却

まず、競売申立費用の負担の問題があります。競売を申し立てるには、登録免許税や予納金、郵便切手代、申立印紙代を納める必要があります。しかし、任意売却の場合は、申立て時に裁判所を利用しませんので、これらの費用は当然負担しないですみます。

次に、時間と手間がかかるということが挙げられます。競売は、主宰者の立場にある裁判所がどれだけ工夫して迅速化を図ったとしても、金融機関の申立てから買受人の落札が決まる開札日まで、半年はかかってしまいます。しかし、任意売却の方法であれば、裁判所による厳格な手続きを考慮する必要がないので、その分手続の迅速化を図ることが可能になります。

また、競売では、1回目の入札で落札者がいなくても、3回まで申し立てることができます。しかし、3回目で落札者が現れないと、以後、競売手続きが停止され、さらには取り消されてしまいます。また、1回目の申立ての段階では、競売不動産の売却基準価額は、実勢（市場）価格の約3割減の価額が裁判所によって設定されます。たとえば、実勢価格3000万円の不動産は、2100万円で売り出されることになります。

しかし、任意売却であれば、通常の売却と同様の手続きで、市場価格に近い金額で売却できることから、価額を落とさなくても第三者の買受人を探すことが可能であり、価額を落としてしまう可能性がある競売のデメリットは、任意売却によって回避できると考えてよいでしょう。

まずは物件所有者の同意を得ること

任意売却は、担保権者が物件所有者の同意の下に、第三者の買受人に売却していくという手続ですから、担保権者としては、まず物件所有者の同意を取りつけることから手続きをはじめていく必要があります。

物件所有者にとって、競売と任意売却のどちらが損か得かは、ケース・バイ・ケースで判断していかざるを得ません。ただ、競売だと落札者がいない場合は、物件所有者ないし債務者に債務が残り続ける結果となります。さらに、競売によって情報が開示されること、期間の経過によって物件の価値が下がっていくことも否定できません。担保権者としては、このような競売の負の側面を強調して物件所有者と交渉を進めていくのがよいでしょう。

さらに、所有者との交渉と併行して物件の現地調査を行うようにしましょう。権利関係の設定の有無については、不動産登記簿を調べれ

任意売却手続きの流れ

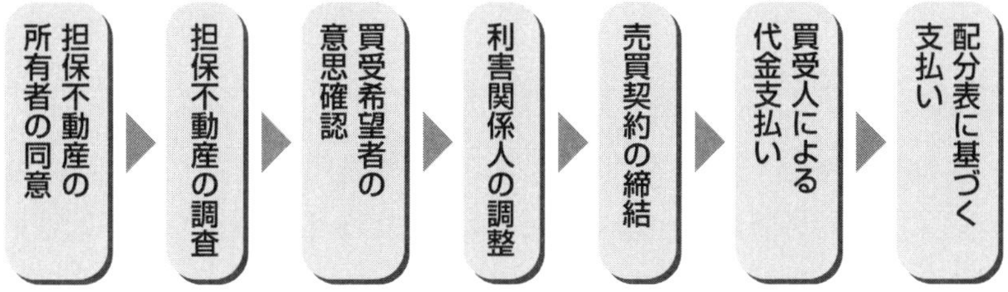

ばわかります。

しかし、占有状況や周辺の環境については、実際に現地に足を運ばなければわからないことから現地調査を行っていく必要があるのです。ただし、売却を迅速に行うためにも、所有者との交渉は期限を設定して行っていくことが大切です。

他の債権者の同意も必要

物件所有者との交渉がまとまりさえすれば、後は何とかなりそうだと思えそうですが、事はそう単純ではありません。

任意売却の登場人物は、基本的に担保権者の金融機関、物件所有者、第三者の物件買受人ですが、他に複数の債権者がいる場合があります。たとえば、当該物件に２番、３番の抵当権者がいたり、物件所有者が税金を滞納して国などによる差押えがなされていたりすることは珍しくありません。通常、担保権が設定されている不動産では買い手が見つからないため、担保権を抹消する必要があります。

このような場合には、後順位の担保権者に担保解除料を支払ったり、国や地方自治体などに差押えを解除してもらう旨の交渉をする必要が出てきます。後順位の抵当権者としては、売却代金からの返済は、第一順位の担保権者から優先的に返済されることになりますが、残債務について債務者と返済計画を立て、結果的に債権を回収できる可能性があります。また、売却代金から配分を受けられないときであっても、競売の場合には１円も回収できない可能性がありますので、担保解除料により少しでも回収できるといったメリットがあります。

誰がどのような費用を負担するのか

任意売却を行う際には、当然さまざまな費用が発生します。その場合に、それらの費用をどのように負担するのかを明確にしてから売却価格を見積もる必要があります。売主が買主に引き渡すための費用としては、引越費用、売買の仲介手数料、抵当権の抹消登記費用、マンションの管理費、滞納している税金などがあります。そこでは、本来物件所有者（売主）が負担すべき費用を売却代金から支払うとするケースが多く、担保権者が売却代金から回収できる金額を把握しておくことが必要です。

買受希望者を探してもらう

第三者の買受人を見つける方法としては、不動産業者に依頼するのが効果的だといえます。その際、不動産業者の選定には慎重にならなければなりません。任意売却にはさまざまな調整が必要なため、手続きの経験が豊富な不動産会社へ依頼しましょう。買受人が見つかったら、買受意思を明確にしておくために、買付証明書を作成して署名をもらっておくようにしましょう。

売却代金の配分

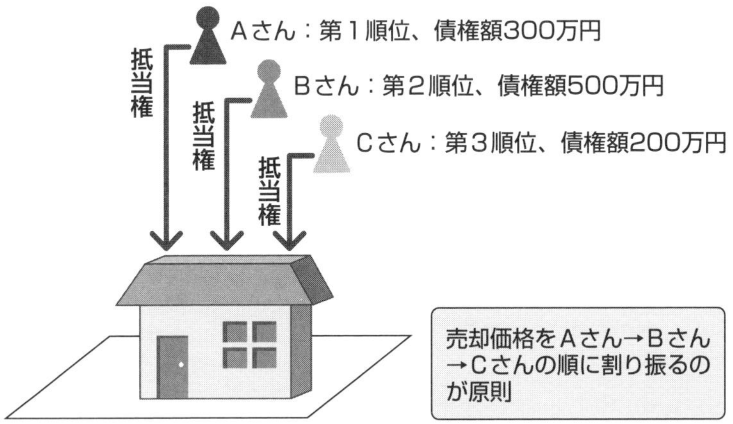

9 強制管理による執行について知っておこう

売却するよりも、管理権を奪って賃料から回収を図る

強制競売だけではない

不動産に対する執行には、強制競売と強制管理の２つの方法があります。これらの手続は差押えの段階までは同じですが、その後が違ってきます。

強制競売は、不動産を差し押さえて換価して、その売却代金を債権者に交付する方法です。また、強制管理は、管理人を選任して不動産を管理させ、そこから上がる賃料などの収益を債務の返済にあてる方法です。

債権者はどちらかを選ぶことができますし、場合によっては、両方を併用することもできます。仮に併用した場合には、債務者が強制競売によって所有権を失うまでは、強制管理がなされます。

強制管理とは

債務者が貸しビルなどを所有している場合には、売却するよりも確実に債権を回収できる方法があります。バブルの崩壊以降、不動産価格が下落し、それほど高い値段で売却できなくなっています。

しかし、その一方で、オフィスや店舗用に賃貸している貸しビルなどでは、定期的に確実に賃料収益があります。そこで、賃貸不動産の管理権を債務者から奪って、賃貸料から債権の回収を図る強制執行が考案されました。これを**強制管理**といいます。

強制管理は、強制競売と同様に、債権者からの申立てによって開始されます。申立てがなされ、裁判所の不動産強制管理開始決定が下されると、対象不動産が差し押さえられます。そして、不動産を管理す

る管理人が選任されます。
管理人は債務者の占有を解いて自ら不動産を占有することができます。この管理人には、信託会社や銀行などの法人もなることができますが、多くの場合、弁護士もしくは執行官が就任しているようです。
裁判所は、債務者に対して不動産の収益処分を禁止し、給付義務を負う第三者（賃借人）に対しては、以後収益（賃料）を管理人に給付するように命じます。つまり、賃貸物件の所有者である債務者は賃料を得ることができずに、賃借人は管理人に対して賃料を支払うことになるわけです。
このようにして裁判所の監督の下、管理人が収益を確保し、それを定期的に債権者に配当していくのです。

強制管理の申立てをする

強制管理は、債権者からの申立てによって始まります。申立ては強制管理申立書に必要書類を添付して提出します。強制管理申立書の記載内容は、基本的には、不動産強制競売申立書の記載内容と同様です。申立書本文に加えて、当事者目録、請求債権目録、物件目録を作成、添付するところも同じです。
ただし、管理人が選任されるので、弁護士など管理人として推薦したい者がいる場合には、その旨を記載します。また、「不動産の収益を給付すべき第三者」として賃借人の住所（法人の場合は主たる事務所の所在地）・氏名（名称）を記載します。さらに、その第三者が負担している給付義務の内容も記載します。具体的には、１か月あたりの賃料額などを記載するのです。
ただ、この給付義務の内容を、債権者が正確に把握することは困難なケースが多いようです。強制管理の申立ては、債務者に察知されないように始めなければ実効性が薄いため、債務者や賃借人に問い合わせをしにくいことが強制管理を利用するネックとなっています。

Q 担保不動産収益執行を利用すると効果的に回収が図れるというのは本当でしょうか。

A 一等地のオフィスビルや繁華街の商業ビルなど、建物の立地条件によっては、競売にかけるよりも、その不動産を賃貸し、その収益を債権の回収にあてた方が効率的な場合があります。

このような場合に担保権を有する債権者の申立てによって、担保となっている不動産を維持管理しつつ、そこから得られる収益を債権の弁済にあてていくという債権回収方法が認められています。これを**担保不動産収益執行**といいます。実際には、競売の申立てと同時に収益執行の申立てもして、配当までの間にそこから上がる収益を充当していくという運用がなされています。

担保不動産収益執行のための手続きは、競売申立てと似ている面もあります。その概要は以下のとおりです。

・申立先・費用

担保権が設定されている不動産の所在地を管轄する裁判所に申し立てます。申立てに必要な費用は裁判所によって多少異なりますから、事前に管轄の裁判所に問い合わせておくとよいでしょう。申立手数料自体は、担保権１件あたり4000円です。この他に、予納金が必要になり、不足すると後から請求されます。登録免許税も必要になります。

・必要書類

申立ては競売の場合と同様に、書面によって行います。申立書の他に、各種目録・添付書類を添えて申立てをします。不動産の賃借人も関係してくるので、その氏名（会社名・代表者名）・住所（主たる事務所の所在地）・賃料額などを記載した「給付義務者及び給付請求権の内容目録」を提出する必要があります。また、現地案内図として住宅地図などの図面の提出を求められることがあります。

●留意しておくべきこと

担保不動産収益執行は、担保権が存続している限り継続して機能します。しかし、競売が行われて配当も終了し、担保権が消滅すると、収益執行手続も終了する運命にあります。また、建物に他の抵当権者がいる場合、他の抵当権者が収益執行を申し立てたからといって、当然にそれ以外の抵当権者にも収益執行による配当がなされるわけではありません。配当を受けるためには、自分自身で収益執行の申立てをする必要があります。なお、物上代位（100ページ）と収益執行が競合した場合には、担保不動産収益執行の手続が優先します。

●物上代位により賃料を差し押さえることもできる

目的物が売却されたり、滅失や毀損することで金銭などに姿を変えたときには、抵当権者・根抵当権者は、それに対して代位することができるとなっています。つまり、姿かたちこそ違え、不動産の価値イコール金銭なので、その金銭に対しても、被担保債権額の限度で権利が及ぶことが認められているのです。これを物上代位といいます。

担保権を実行し、不動産をそのまま競売にかけても、高値で買い受ける者は現れないことが考えられます。

しかし、賃借人が入っていて、賃料が確実に入ってくる場合には、それを物上代位によって差し押さえて、そこから債権の回収を図るという方法が使えます。物上代位権の行使は債権差押命令の申立てによります。

このように、抵当権・根抵当権が設定されている不動産が賃貸物件であれば、賃借人が支払うべき賃料については、あらかじめ支払前に差し押さえることによって、債権に充当することができるわけです。たとえ競売にかけてもそれほど高値での売却が期待できないときには、競売を申し立てるよりも、物上代位権を行使する方がよいでしょう。

10 債権執行について知っておこう

他の債権者と競合することもあるので注意する必要がある

債権執行とは

債権執行とは、債務者が第三者に対してもつ債権を差し押さえて、債権者がそれを直接取り立てることによって、債権の回収を図る手続です。債務者がもっている債権の中には、売掛金などのように資産価値の高いものも存在するので、有効な債権回収手段となり得ます。

ここでは金銭債権についての債権執行を前提として説明します。

債権執行は債権差押命令の申立てによって始まりますが、第三債務者の利益を考慮に入れた手続きが求められます。第三債務者は、債権執行の対象となる債権の債務者にあたるからです。

①　申立先

債務者の住所地（法人の場合は本店所在地）を管轄する裁判所に申し立てます。

②　費用

申立手数料は１件につき原則として4000円です。申立手数料は収入印紙によって納付します。

③　必要書類

申立書の他に、「当事者目録」「請求債権目録」「差押債権目録」などの目録を添付します。その他、債権執行の対象となる債権について、執行力のある債務名義（確定判決など）の正本とその送達証明書を添付します。当事者の中に法人が含まれるときは、その法人の登記事項証明書（資格証明書）も必要です。

④　第三債務者による陳述

債権執行の対象とする債権については、第三債務者に対して確認しておく必要があります。債権は不動産とは違って、登記などによる公示手段がないからです。第三債務者に対する陳述催告の申立てをすると、第三債務者から債権の存否・種類・金額・弁済の意思の有無などが回答されます。その結果を見て、どの程度の金額の回収が期待できるのかがわかります。

⑤　取立て

申立てを受けた裁判所から債務者に対して債権差押命令が送達されて１週間が経過すると、債権者は、債権を直接取り立てることができるようになります。債権者は、裁判所から「送達通知書」を受け取ってから、第三債務者への取立てを開始します。

裁判所に対しては、債権の一部を取り立てると「取立届」を提出し、全額を取り立てた場合には「取立完了届」を提出します。

債権執行における注意点

債権執行では、他の債権者と競合する場合もあるので、その点は留意しておくべきです。

■ 債権執行の手続きの流れ

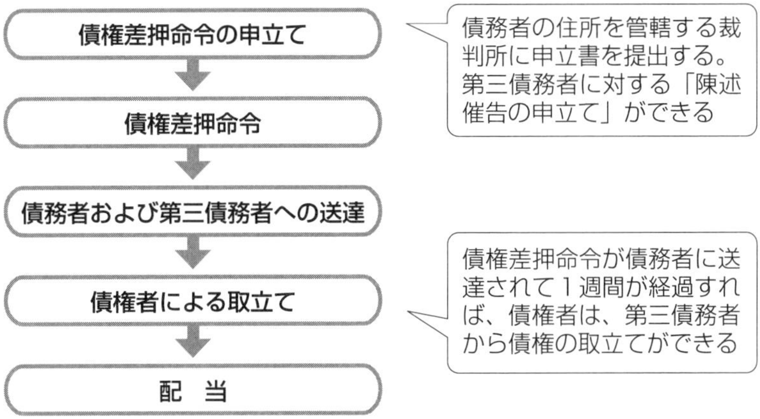

①　第三債務者による相殺

第三債務者が金融機関であるときは、その金融機関が債務者に対して貸金債権をもっている場合が多いようです。その場合、債権者が預金債権を差し押さえても、金融機関は、自らの債務者に対する貸金債権と、債務者の金融機関に対する預金債権を、同額の範囲で相殺（215ページ）する権利をもちます。

②　他の債権者との関係

他の債権者も同じ債権の差押えをする場合がよく生じます。この場合、第三債務者は、債権者に支払うのではなく、法務局に供託（193ページ）することになります。そして、競合した債権者の間で、債権額に比例して供託金を分け合います。

このような競合を避けたい場合は、すぐに裁判所に対して転付命令（194ページ）を申し立てます。転付命令が第三債務者に送達されれば、差し押さえた債権を独占することができるのです。

ただし、差押債権者の債権は、転付命令が第三債務者に送達された時点で弁済されたものとみなされます。そのため、第三債務者から支払いを受けることができなかったとしても、あらためて債務者に支払いを求めることはできません。転付命令を申し立てるときは、第三債務者に十分な資力があるか確認することが重要です。

③　給与債権の限界

債務者が給与所得者のケースでは、給与債権について債権差押命令を取得した上で、第三債務者である会社に対して取立てをすることが有効です。ただ、給与は労働者の生活を支えるものなので、差押えができる金額に制限があります。具体的には、差押えができる給与債権は、原則として給与額（税金を控除した残額）の４分の１までに制限されています。

11 差押えが禁止されたり制限されている債権について知っておこう

給料は原則として4分の1しか差し押さえることはできない

差押えのできない債権もある

債権の差押えといっても、債権であれば何でも差し押さえることができるわけではありません。特に、給料や年金などは、生活の基盤となる収入であり、全額を差し押さえられると個人の生存が脅かされることになります。そこで、民事執行法とそれを受けた政令では、差押えのできる債権の限界を設けています。

① 民間保険会社の年金保険給付など

公的年金給付は、各種法律により差押えが禁止されています。民間保険会社の年金保険給付など、民間の生計維持のための継続的な給付については、原則として総額の４分の３については差押えが禁止されます。

② 給料、賞与など

給料や賞与などについても、生活の基盤となる収入であり、原則として総額の４分の３については差押えが禁止されます。

ただし、①の継続的な給付や②の給料、賞与などについては、収入額に個人差がありますので、一定の金額を超える収入がある場合は、一定の金額についてのみ差押えが禁止されます。具体的には、毎月支給される継続的な給付や給料は、月額44万円を超える場合は、33万円のみ差押えが禁止され、４分の１以上を差し押さえることができます。また、賞与も、44万円を超える場合は、33万円のみ差押えが禁止されます。

③ 退職金など

退職金は、在職中の給与の後払い的性質をもっており、退職後の生活を保障する役割をもっています。そのため、給与の場合と同様に、総額の４分の３については差押えが禁止されます。

④　各種法律で規定されている差押禁止債権

国民年金、厚生年金、生活保護費などは、差押えが禁止されています。ただし、預金口座に入金された後は預金債権になりますので、原則として差押えは可能です。

差押禁止債権の範囲の変更

債務者などの申立てにより、裁判所は、債務者などの生活状況を考慮して、上記の差押禁止債権の範囲を変更することができます。従来はこの制度があまり活用されていませんでしたが、2019年民事執行法改正により、差押命令の送達の際に債務者にこの制度を教示するものとし、また、制度を利用のための猶予を与えるべく、債権者が差押債権の取立てが可能になるまでの期間を延長しました。

給料が差し押さえられる範囲

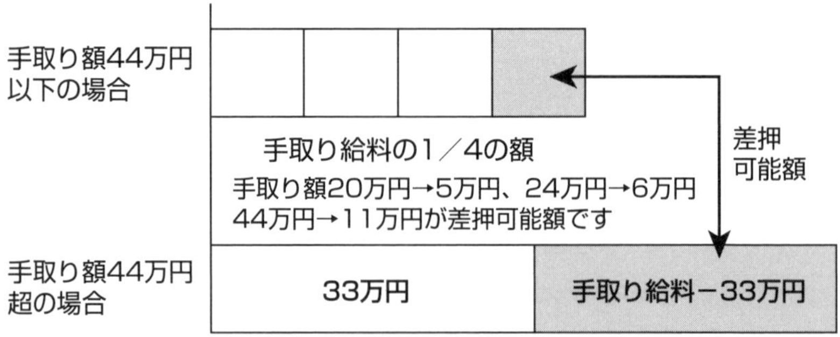

手取額が44万円を超える場合は、その手取額から一律33万円を差し引いた額を差し押さえることができる。つまり、33万円を債務者のもとに残せば、その残りはすべて差し押さえることができる。

12 転付命令や少額債権執行などについて知っておこう

他の債権者が登場することもありうる

単独で差し押さえたとき

差押債権者が１人しかいないときは、手続的にはそれほど煩雑ではありません。差押債権者は、直接第三債務者（188ページ）のところに行って、債権の取立てを行うことができます。

このとき、第三債務者にしてみるとほとんどの場合、差押債権者は初対面の人間です。債権を取り立てる権限があることと、本人であることまたは代理権があることを証明する書類を用意しておくことが必要です。具体的には、債権差押命令、通知書、免許証、印鑑証明書、委任状などです。申立書に使用した印鑑も持参すべきです。

特に、預金債権を取り立てるときは、第三債務者は金融機関であり、相手に取立権限が本当にあるのかどうかについて細心の注意を払う必要があります。事前に必要な書類を問い合わせて、アポイントメントをとっておく方が無難です。

①　第三債務者が弁済してもらえた場合

取立てに応じて第三債務者に弁済してもらえた場合には、差押債権者は執行裁判所に対してその旨を取立届として提出します。もし、第三債務者が**供託**（法務局に金銭を預けることで債務を免れることができる手続きのこと）した場合には、執行裁判所から証明書を発行してもらい、法務局（供託所）にそれを提出して、供託金を受け取ります。

②　第三債務者が弁済を拒絶した場合

第三債務者が弁済を拒絶した場合、差押債権者は取立訴訟を提起することができます。訴訟になると専門的知識や技術が必要になるので、弁護士に相談すべきでしょう。

③　複数の債権者が差し押さえたとき

差押えが競合すると、必ず、第三債務者が供託することになっています。そして、債権者たちは、執行裁判所の進める配当手続にそって、配当を受けることになります。執行裁判所から通知があるので、必要書類を確認の上、期日に出頭しましょう。

■転付命令により取り立てるとき

転付命令（強制執行の執行機関となる裁判所が出す債権そのものを、その額面の金額のまま債権者に移転するように命じる命令のこと）があると、債権者は自分の債権として取立てをすることができますが、取立権限を証明する書類の用意が必要になるのは、単独で差し押さえた場合と同様です。

転付命令の場合は、取立てにあたって転付命令が確定していることが必要なので、その旨を証明する確定証明書を執行裁判所に発行してもらいます。発行してもらうには、確定証明申請書を提出します。

■債権者が複数いることもある

債権を差し押さえると、債権差押命令の申立てをしている債権者以外に、後から配当要求をしてくる債権者が現れることがあります。また、別個に手続きを始めて、同じ債権を差し押さえようとする債権者が現れるかもしれません。

債権執行では、最初に債権差押命令を得たからといって優先的に配当を受けられるわけではないのです。それぞれの債権額に応じて、按分比例によって配当を受けることになります。

しかし、これが常に認められると、債権の回収に勤勉な債権者が不公平感を抱きます。そのため、民事執行法では、配当要求や二重差押の場合について、以下で説明するように、調整を図っています。

■配当要求の場合

配当要求は、執行力ある債務名義を有する債権者または先取特権者でなければできません。また、すでに進行している債権差押えに便乗する形をとるので、先行している手続が取り消されたりすると、手続上の根拠を失うので、配当を受けることはできなくなります。

配当要求は執行裁判所に対して配当要求書を提出して行います。要求がなされると、執行裁判所は、第三債務者に対してその旨を通知します。

配当要求は差押債権の存在が前提なので、この通知が第三債務者に到達するまでに、第三債務者が債務者に対して弁済または供託していると、配当要求は認められません。

また、第三債務者が差押債権者に対して弁済を拒んで、差押債権者が取立訴訟を提起したときは、その訴状が第三債務者に送達されれば、その後配当要求はできなくなります。

■二重差押の効力

債権差押命令の申立てをしても、別の債権者が、同じく債権差押命令の申立てをすると、二重差押の状態が発生します。この場合も、按分比例（債権額に比例して配分すること）に従って配当がなされることになります。

しかし、後発の債権差押命令の申立てといっても、差押債権の存在が前提となっていることは当然です。そこで、差押え前に第三債務者が弁済または供託している場合は認められません。取立訴訟が提起され、訴状が第三者に送達された場合も認められません。

■少額訴訟債権執行とは

強制執行は通常、地方裁判所が行いますが、少額訴訟にかかる債務名義による強制執行（債権執行）は、債務名義（少額訴訟における確定判決や仮執行宣言を付した少額訴訟の判決など）を作成した簡易裁判所の裁判所書記官も行うことができます。この裁判所書記官が行う強制執行を**少額訴訟債権執行**といいます。

少額訴訟債権執行は、少額訴訟手続をより使いやすいものにするために作られた制度です。少額訴訟自体が、少額の金銭トラブルに対して、手間ひまがかかる通常の訴訟をするのは割に合わないという、状況を改善するために作られた制度でした。そのため、少額訴訟は、手続が簡単で、すぐに訴訟の結果がでます。ですから、少額訴訟のスピーディさを生かすためには、少額訴訟の執行手続も簡易なものにする必要がありました。

通常の場合、判決で勝訴を得た上で、債権執行する場合には、地方裁判所に申し立てなければなりません。しかし、少額訴訟債権執行なら、わざわざ地方裁判所に申し立てなくても、債務名義を作成した簡易裁判所ですぐに執行をしてもらえます。訴訟から執行手続まで一気にかたがつくことになります。少額訴訟債権執行は、債権者の申立てによって、行われますが、少額訴訟債権執行を利用することなく、通常の強制執行手続きによることもできます。

■ 少額訴訟債権執行の申立て

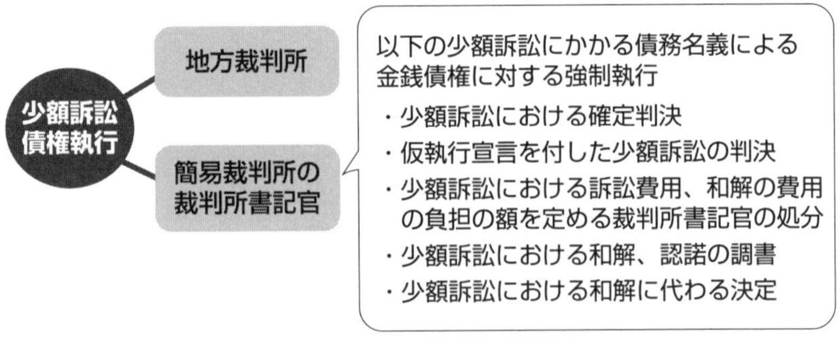

第6章

知っておきたい
取引先の倒産と対策

1 危ない債務者にはどんな兆候が現れるのか

観察していれば自然にボロが出る

当然把握しておきたいこと

債権者は事が起こってから慌てるのではなく、常日頃から、取引先の業界の景気動向や、取引先が扱っている商品についての知識や取引状況、その業界における取引先の地位、従業員１人当たりの売上高などを把握しておくべきです。

取引先が経営危機に陥ったという知らせは、突然に飛び込んでくるものかもしれませんが、経営危機そのものは突然に起こるものではありません。社長や取締役といった経営陣の日頃の態度に妙な点が現れてくることも多いようです。

たとえば、いつ訪ねて行っても不在がちで、なかなか会うことができないとか、経営者についての悪い評判がたっている場合も要注意です。他社や金融機関から、新たに役員として人が入ってきた、という場合も同様です。経営陣ばかりではなく、従業員の間に不平・不満が多くなり、退職者が急増しているとか、従業員の勤務態度がルーズになってきたり、社内での連絡が悪いなどの事項がたびたび見えはじめたときは、注意が必要です。さらに、以前よりも不良品が増えたり、事故が発生したり、在庫が急増したり、逆に極端に減少する場合も同様です。仕入先や取引金融機関が急に変わったり、代金の支払方法が現金払いから手形払いに、さらには手形のサイトが延びたりするのは、無視できないシグナルです。

また、本社ビルの売却があった場合には、その会社は資金繰りが苦しいのではないかと推定することができます。「本社ビル売却」というような大きな出来事ではなくても、取引先の所有する重要な不動産、たとえば事務所や店舗・工場・倉庫などについては、担保設定状況を定期的に把握しておくことが、危険を知る上で大切です。

特に、所有権移転請求権の仮登記や賃借権設定の仮登記・抵当権設定の仮登記がなされているときは要注意です。これらの方法は、登録免許税が安くすみますし、街の金融業者が好んで使う登記です。ですから、こうした登記がある会社には、すでに高利貸しの手が伸びていて、立ち直る可能性はほとんどないということもあります。

■保証債務や債権譲渡も要確認

不健全な企業間では、融通手形の交換をやっているように、資金繰りが苦しい企業の間では、お互いに相手方の債務を保証し合っていることがあります。保証債務という通常はバランスシートに乗らない債務が存在することを嗅ぎつけたら、要注意です。

企業自身が保証債務を負っている場合の他、経営者個人が、他の企業や他人の債務の保証をしている場合も、信用度は低いといえます。

また、取引先企業が、自己の売掛金債権を担保にして金を借りたとか、債権譲渡（113ページ）によって金融を得ているということになると、いよいよ末期症状というべきです。このような噂を聞いたら、すぐに、取引を停止して、たとえ出荷直前であっても、納入はストップしなければなりません。

■取引を継続するかどうかの判断

まず、相手方の信用状態の悪化が一時的なものであるのか、慢性的なものなのかは、慎重に調査・検討しなければなりません。

ここで検討することは「取引を継続すべきか、打ち切るべきか」ということです。継続するか打ち切るかの判断は、その取引先が営業上重要な相手かどうかということと、債権が焦げつくおそれとを比較検討して結論を出すことになります。たとえば、売上や利益のかなりの部分を占めている債務者であったり、長いつき合いの債務者であったりする場合は、重要な相手といえるでしょうが、通常は、債権の保全策を十分にとれるかどうかがポイントです。十分に保全策をとれるようであれば取引継続、そうもいかなければ取引打ち切りということに傾きます。

■継続的取引を打ち切る場合

会社同士の商取引では、固定的な関係が長く続けば続くほど、仕入先の安定した供給や販売先からの安定した受注が、双方の会社の経営の基盤となっていることも少なくありません。継続的な取引関係を結んでいる者同士では、相互依存・相互信頼の関係が成立しているはずです。ですから、このような関係にある者同士では、将来的にも取引が継続されるものとの期待を抱くことになり、この期待に基づいて人員補充や設備投資などが行われることになります。

継続的取引関係を当事者の一方が、一方的に解消することは原則として認められず、解消するには一定のルールに従ってなされることが必要です。基本的には、滞っている分の催告をして、それでもなお支払いがないという場合に、解除の通告をすることになります。

■取引継続を決定したらしておくこと

取引先に信用状態が悪化している兆候が見えているにもかかわらず、なお総合的に判断して取引を継続することにした場合には、どこに注意して取引を継続していったらよいのでしょうか。

まず、債権額をこれ以上増やさないことです。債権額が膨らんだ後で、取引先が倒産でもしようものなら一大事です。

次に、取引条件を変更することが必要になります。ポイントは、取引規模を縮小して、債権額（与信限度額）を引き下げることと、支払期日や支払方法などを、こちらに有利にすることです。支払いについては、手形サイト（手形の振出日から支払期限までの期間）を短縮するなど支払期間を短くしたり、手形を回し手形（手形を所持している者が裏書にした上で渡す手形）に切り換えてもらう、つまり、相手方の優良な顧客が振り出した手形を裏書譲渡してもらったりする方法に切り替えるなどの措置をとることになります。

その他の対策としては、以下のようなことがあげられます。

① **契約書の作成**

契約書などに特約条項が入っていないような場合には、この機会に、違約金条項や期限の利益喪失約款（66ページ）などの有利な特約を入れた契約書に変更しておいた方がよいでしょう。

② **担保の取得**

相手方が所有する資産を調査して、その上で、資産を特定して担保（抵当権や根抵当権の設定）に入れるように要求します。社長や専務の個人保証をとりつけるのもよいでしょう。債務者の不動産や機械設備などを譲渡担保として担保にとる方法もあります。ただし、担保を取得できるなど、こちらに有利な条件を設定できたときには、その後はすぐに取引を打ち切ったりするのは難しくなります。

■ 危険信号はこうしてつかむ

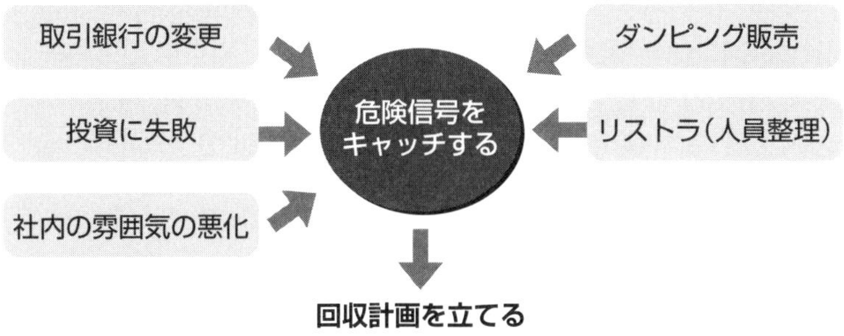

2 取引先の倒産寸前にどんなことを実行するのか

担保権の実行、債権譲渡要求、仮差押手続きがある

担保を実行する

取引先が倒産寸前だ、という情報をキャッチしたら、事態は一刻を争います。対策が遅れれば、焦げついた債権を抱え込んでしまうことになります。あらかじめ、取引先の倒産に備えた対策マニュアルなどがあれば、マニュアルに従って手を打っていきましょう。

債務者である取引先に対して、買掛金や借金などの債務があれば、その債務額を限度に、債権と相殺（215ページ）するということも考えられます。もちろん、債務者に対して抵当権などの担保権があるのなら、すぐに担保権を実行する手続きをとりましょう。

債権譲渡や仮差押の手続きをする

取引先が通常の経済活動をしていたのであれば、その取引先も、他の取引先に対して債権をもっているものです。もしその債権が、回収できる可能性の高いものである場合なら、債権譲渡を受けることを考えてみるのもよいでしょう。債務者と交渉すれば債権譲渡をしてもらえるかもしれません。

また、取引先が話し合いに応じそうもない場合には、債権の仮差押（155ページ）をしてみるのもよいかもしれません。

たとえば、仮差押をする債権が、売掛金債権であるような場合は、その債権の相手先を何とか探し出して、債権が他に譲渡されるのを防ぐような手を打つことが必要です。

ただし、いずれの手段も法的手続ですから、専門家、特に弁護士とよく相談しながら事を運ぶのが賢明です。

解除による代金返還の請求をする

債務不履行など法定の事由があるときには、契約当事者の一方から他方に対して意思表示をして、契約をはじめから存在しなかったものとすることができます。これを**法定解除**といいます。また、契約であらかじめ定めてある事由があるときには解除することができる、とする約定解除もあります。さらには、当事者双方の合意によって解除することもできます（**合意解除**）。

債務不履行を理由として解除をする場合は、原則として、相当の期間を定めて履行を催告し、履行がない場合にはじめて解除ができます。

催告をしないで解除できるとする特約も、一応有効と考えられています。たとえば、内容証明郵便などの書面で売主に商品の引渡しを請求する際に、同時に解除の通知をいっしょにするようなケースでは、催告と同時に条件付で解除を宣言しておくことは、一般によく行われています。

なお、解除通知には契約締結日、商品名、代金額、履行期などを記載するようにしましょう。

商品の引き揚げとは

商品の引き揚げは、相手先企業にある商品を自社の元に移す方法ですが、これには売買契約の解除による場合と、新たな売買契約を締結

■ 倒産前にとるべき手段

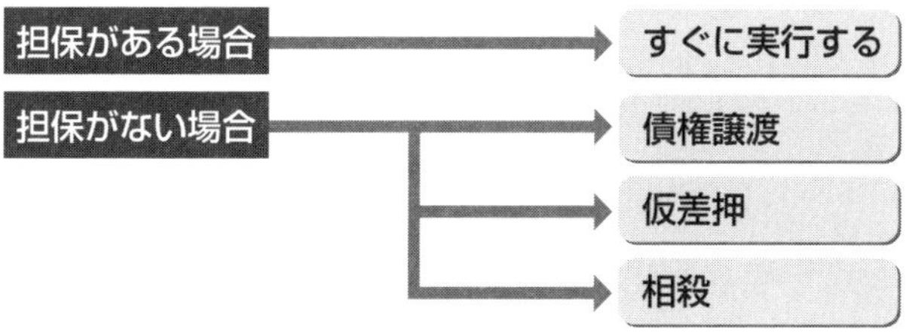

する場合とがあります。売買契約の解除による場合はすでに売買契約によって相手先の在庫にある自社商品を、契約の解除によって引き揚げる方法です。一方、新たな売買契約を締結する場合は、自社商品だけでなく他社商品も引き揚げの対象となります。この対象商品について、相手先と買取契約を締結し、商品を引き揚げることになります。

返品や買取契約はどのように行うのか

売買契約の解除を行って自社商品を引き揚げることを一般的には返品といいます。通常返品は、売れ残りや不良品、納期遅れや受発注時のミスなどによって商品を返すことをいいますが、債権回収の手段としての返品には次のような特徴があります。まず、売買契約の解除によって相手方企業に原状回復義務が生じます。この原状回復義務の履行として、商品を返還してもらうしくみを**債権回収時の返品**といいます。

一方、相手先企業との間で買取契約を新たに締結して回収にあてる場合には、次のような特徴があります。まず、相手先企業の在庫にある自社商品や他社商品を買い取る契約を相手先企業との間で結びます。この契約に基づいて、対象商品を自社に移します。この商品の買掛金を、すでに発生している債権と相殺します。なお、他社商品を対象とする場合には他社商品の引き揚げを代物弁済（112ページ）として処理することもあります。

合意解除は相手の協力を得やすい

自己売り商品を実際に引き揚げる際には、売買契約の解除という手続を踏んだ上で行うことになります。この解除には、法定解除や約定解除などもありますが、商品を占有している相手方から実際に商品を引き渡してもらわなければ成立しません。

こうした点を考えると、強制的な解除を行うよりも、相手方と合意の上で解除した方が、協力も得やすいといえるでしょう。

3 倒産にもさまざまなパターンがある

倒産と破産は同じではない

倒産とはどういうことか

経営が成り立たなくなることを一口に**倒産**といいます。実際にはどの段階で倒産なのかは、必ずしも定かではありません。たとえば、資産よりも負債の方が多くなっていたとしても、それが一時的なものであれば倒産とはいいませんし、逆に、負債を上回る資産があるにもかかわらず、支払いができない状況になれば倒産してしまいます。新聞報道などでも、「事実上の倒産」などという場合には、ある会社が不渡りを出して銀行取引を停止されたということもありますし、民事再生法による再生手続きに入った場合でも、事実上の倒産などということがあります。

倒産したといわれる会社であっても、それが本当に消滅に向かうものであるか、種々の手立てを経て立ち直る方向に向かうものであるか、微妙なところがあるわけです。結局、倒産という言葉は、「個人や会社などの企業が経済的に破たんして、債務の支払いが困難になった状態」という程度にゆるやかに理解しておくのがよいでしょう。

銀行取引停止処分は倒産の典型

ただ、不渡り手形を出した場合は、どの時点から倒産したのかが比較的わかりやすいといえます。

同じ債務者が、同じ手形交換所で6か月間に2回の不渡りを出すと、金融機関に公表されて、その債務者は銀行取引を停止され、手形による決済はできなくなります。倒産という事態は、ある日突然にやって来ます。もちろん、不渡りを出した企業の上層部では、「いつ頃が危険だ」ということはだいたいわかっているわけですが、その企業の従業員や取引先は、たいていの場合は寝耳に水の出来事です。

■■倒産処理手続きのいろいろ

倒産処理手続きには、大きく分けて、裁判所が関与して行う公的手続きと、そうではない私的手続きとがあります。

公的手続には、倒産した会社の再建をめざして行われる再建型の手続きとして、会社更生手続き、民事再生手続きなどがあり、倒産した会社を清算してしまう清算型の手続きとして、破産手続き、特別清算などがあります（下図参照）。私的手続きは、一般には任意整理とよばれ、債権者と債務者が交渉して、倒産した会社の再建をめざす場合もありますし、清算してしまう方向で処理しておく場合もあります。

①　再建型

裁判所が介入し、管財人や監督委員の管理の下で、債務を減額したり、返済期間を延長することにより、企業の再建をめざす手続きです。

②　清算型

財産を管理する権限が債務者から管財人に移されて、すべての財産を整理した上で、債権者たちに公平に分配される手続きです。

■ **法的な倒産制度の分類** ……………………………………………

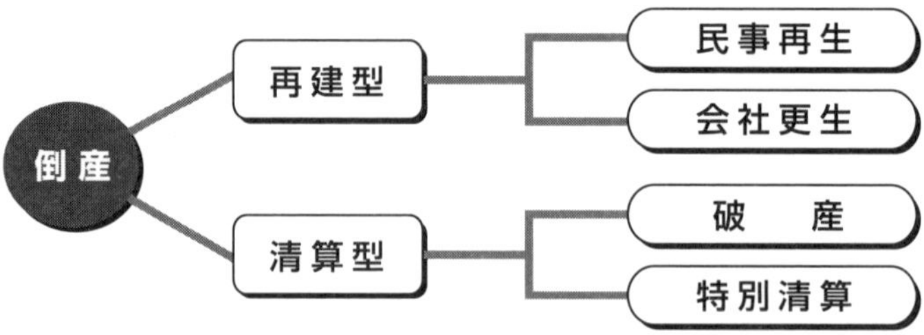

4 破産について知っておこう

債権者が債務者の破産を申し立てることも可能である

破産を債権者が申し立てることもある

破産とは、債務者が経済的に破たんし、支払いができなくなってしまった場合に、その人の財産関係を清算して、すべての債権者に公平な返済（弁済）をすることを目的とする裁判上の手続です。特に個人の債務者の場合は、破産手続きの終了後に免責を得ることが重要で、これにより債務がゼロになるので、再起の機会が与えられるといえます。

破産手続きは、地方裁判所に対する申立てから始まります。破産手続開始の申立人が債権者（貸主や売主など）である場合を**債権者破産**といい、債務者（借主や買主など）が自ら破産手続開始の申立てをする場合を**自己破産**といいます。会社などの法人の代表者が、法人を代表して申立てをする場合も自己破産に該当します。

取引の相手方が破産した場合、破産者の財産は、原則的に全債権者に対して平等に配当されることになるため、配当額はかなり少額になってしまいます。破産手続開始の申立ては、債務者だけでなく債権者も行うことができますが、債権者としては、債権回収の上で債務者を破産させる意味はあまりないといえます。もっとも、債務者が何とか資金繰りができる状態であるにもかかわらず、債権者からの取引打ち切りに強い不満を覚えて支払いを控えている場合や、債務者が事業継続の強い意思がある場合などは、破産手続開始の申立てをちらつかせつつ交渉し、支払いについて裁判外で和解できる場合もあります。

破産原因にはどんなものがあるのか

破産原因には、債務者の財産状態が極度に悪化していることで、支払不能と債務超過の２つがあります。このうち債務超過は法人だけの破産原因です。

支払不能とは、弁済（返済）能力がなくなったために、弁済期（支払期限）が到来した債務を一般的・継続的に弁済できないと認められることです。ここで「弁済能力がなくなった」とは、債務者の信用・労力・技能によっても、弁済するだけの金銭を調達できないことをいいます。この点につき、債務者に財産がなくても、信用・技術・労力といった目に見えない資産によって弁済を継続できる場合には、支払不能とはいえません。反対に、債務者に財産があっても、金銭に換えること（換価）が困難なため、弁済をするだけの金銭を調達できない場合には、支払不能といえます。

債務超過とは、帳簿上の債務の評価額の総計が、資産の評価額の総計を上回っていることをいいます。ただ、債務超過を文字通りに理解すると、借金経営・赤字経営が多い企業経営の実態からみて、ほとんどの法人が債務超過となってしまいます。そこで、事業を継続しても債務を完済できないような状態にある法人に限り、債務超過であると判断されているようです。なお、株式会社や合同会社と異なり、合名会社や合資会社については、債務超過は破産原因とされていません。

破産手続開始を申し立てるときは、予納金を納めることが必要です。予納金が無事に納められれば、破産手続開始決定と同時に破産管財人が選任されると共に、債権届出期間、債権者集会期日（財産状況報告集会)、債権調査期日（債権者が多数の場合などは債権調査期間）が決められます。これ以降は、裁判所が選任した破産管財人が、債務者の財産の換価や契約の終了など、すべての破産管財業務を行います。ただし、不動産の売却など重要な事項については、裁判所の許可が必要です。経営者（破産者）は、破産管財業務への協力や破産管財人への説明などをします。債権調査を終了し、すべての財産を換価して、優先権のある財団債権（一定範囲の租税債権や労働債権など）を支払っても、まだ財産が残っていれば、その財産はすべて破産債権者に対して配当されます。

破産管財人は、配当をするのに適当な金銭があると認めたときは、裁判所の許可を得て中間配当をします。配当する財産もなくなり、最後の配当を行うと、配当が終了したことを破産債権者に報告するため、原則として債権者集会を開きます。これをもって破産手続きは終結し、破産者が法人の場合は、その法人が消滅することになります。破産手続の開始決定を受けてから終結決定が行われるまでの期間は、平均して６か月程度です。破産手続終結決定を裁判所が行い、その旨が公告されることで破産手続きが終了します。なお、終結決定後に配当すべき金銭が生じたときは「追加配当」を行わなければなりません。いずれにしても、法人の場合は、破産手続きが終了することで、法人自体が消滅するため、配当されなかった債権も消滅することになります。

■ 債権の届出と債権調査

破産手続きは債権者への配当（弁済）を目的とする手続きですから、破産者に対する債権者が、どれだけの債権をもっているのかを確定しなければなりません。その手続きが**債権の届出**と**債権調査**です。

債権者は、裁判所が指定した債権届出期間内に、自分の債権を届け

■ 管財事件の手続きの流れ

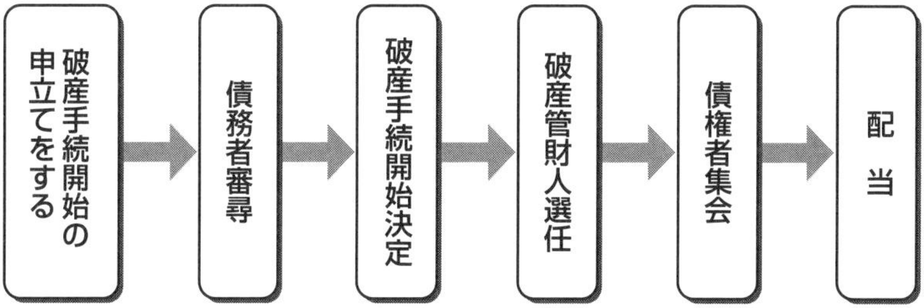

出なければなりません。届け出られた債権については、裁判所書記官が破産債権者表を作成し、コピー（謄本）が破産管財人に渡されます。

そして、破産債権者表に記載された債権について、債権者の氏名・住所、債権の額と原因、優先権や別除権（212ページ）などの注意すべきことはないか、といった事項を債権調査期日（債権調査期間が決められた場合はその期間内）において調査します。これが債権調査です。債権調査により破産管財人の否認（債権者に損害を与えたり一部の債権者だけに返済するような行為を破産管財人が否定すること）や他の債権者からの異議がなく破産債権者表が確定すれば、破産債権者表の記載は、破産債権者全員に対して訴訟における確定判決と同じ効力を持ちます。管財人が否認権を行使したり、他の債権者から異議が出されたりした債権については、そのままでは確定せず、配当を受けることができません。その債権の債権者としては、確定判決やその他の債務名義など、債権の存在を証明するための証拠を提出して、債権を確定させる必要があります。

■債権者集会とは

破産手続開始決定がなされると、債権者は、自分の債権を行使して弁済を受けることができなくなります。債権者は、破産手続きによって、原則的に債務者の財産（破産財団といいます）から債権額に応じた配当を受けられるだけになります。したがって、破産手続開始決定後は、債権者が全額回収することは不可能です。

もっとも、債権者からすれば、最終的に少しでも多くの配当を受けられるように破産財団の管理が適切になされ、換価がより高額であることを期待するものです。こうした債権者の意見や意思を破産手続きに反映させる場が**債権者集会**です。なお、債務者に換価できる財産がないため、破産手続開始決定と同時に破産手続廃止決定がされた場合（同時廃止）には、債権者集会が開催されません。破産手続廃止決定がされていない場合を**管財事件**といいます。

債権者集会は、破産管財人、債権者委員会、大口債権者などの申立てによって裁判所が招集します。あるいは裁判所が職権で招集します。債権者集会では、破産者から報告を受ける権限や破産管財人の解任請求の決議もできます。債権者集会の決議は届出債権者だけが議決権を持ち、議決権を行使できる破産債権者で出席した者や書面投票をした者の議決権総額の２分の１を超える議決権を行使できる者の賛成があれば、決議は成立します。

債権者集会では参加者による質疑応答の時間がありますが、実際の債権者集会では、債権者が債務者や破産管財人に対して質問したり意見を述べたりすることはほとんどありません。そもそも債権者集会に出席しない債権者も多いようです。債権者集会に出席しなくても、債権者が不利益に扱われることはないからです。そのため、多くの債権者集会は10分程度で終了します。

債権者への金銭配当

最後配当	最終的に行われる配当。債権者に対してなされる基本的な配当の形態である
中間配当	破産手続きの途中で行われる配当。配当可能な金銭を用意できた段階で随時行われる
追加配当	最後配当の額を債権者に通知した後に、新たに財産が見つかった場合に行われる配当
簡易配当	配当できる金額が少ない場合などに行われる簡易化された配当
同意配当	債権者全員が同意することで、簡単な手続きによって行われる配当

5 別除権について知っておこう

担保権の実行は破産手続きとは別に行われる

どのような権利なのか

担保権は、債務者が倒産したような場合でも確実に債権の回収を図ることを目的に設定されています。そのため、破産者に対して担保権を有する者は、破産手続きとは関係なく自由に担保権を実行することで債権の回収が可能です。このような担保権者の権利を**別除権**といいます。担保権のうち、特別の先取特権（先取特権のうち、特定の動産や不動産について認められる、他の債権者より優先して弁済を受けられる権利のこと）、質権、抵当権などが別除権となります。

たとえば、抵当権を有している場合、破産手続き開始決定後であっても、抵当権者はいつでも破産者の所有している不動産を競売にかけることができ、競売代金から優先して債権の弁済を受けることができます。破産者に対して債権を有している者は原則として破産手続きの配当によって弁済を受けますが、別除権である抵当権を有していれば破産手続きとは関係なく弁済を受けることができます。

また、担保権の実行手続きが開始されている場合に、破産手続きが開始したとしても、担保権の実行手続きは中止しません。通常の債権者が強制執行手続きを行っている場合、債務者が破産すると強制執行手続きは中止します。この点で、担保権の実行手続きと通常の強制執行手続きは異なっています。

不足額については配当を受けることができる

別除権により担保権を実行したとしても、担保の目的となっていた財産の価額が少なければ、債権全額の回収は不可能です。その場合でも、不足額については、別除権を有していた者であっても破産手続きの中で配当を受けることができます。

別除権を有している者は、最初に担保の目的となっている財産から債権の回収を行い、それでも債権全額の回収ができない場合にのみ破産手続きから配当を受けることができます。別除権を行使せずに破産手続きの中で配当を受けることはできない点に注意する必要があります。

担保となっている財産から債権を回収する方法には、任意売却（180ページ）と競売があります。任意売却か競売を行い、担保となっている財産から債権を回収した後に、別除権者も破産手続きの配当を受けることができます。

管財人側の対抗手段は任意売却

具体的な任意売却の方法としては、まず破産管財人が担保目的物の買い手を探してきて売買契約を締結します。次に、買主の支払う代金の一部を別除権者が有する債権の弁済にあてて、担保権を抹消します。その後、担保権のなくなった状態の財産を買主に渡して、買主が支払った売買代金の残りを破産者に対する債権者への配当に回します。

なお、任意売却は別除権者である担保権者の了承が必要な手続きな

■ 別除権の行使による債権の回収 ………………………………

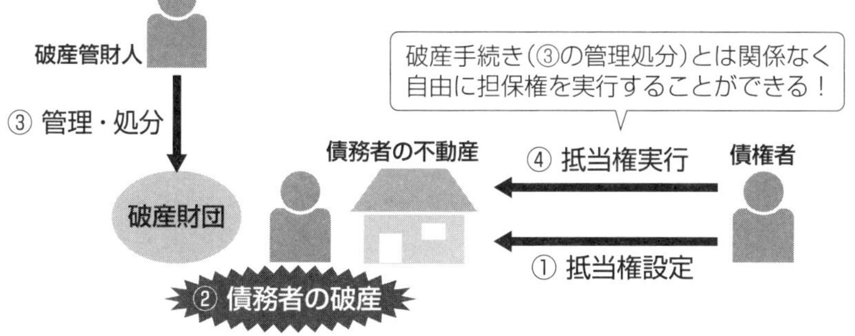

ので、担保権者が了承しなければこのような任意売却を行うことはできません。しかし、競売をするよりも任意売却を行った方が高値で売れ、担保権者の利益につながってくるので、通常、担保権者は任意売却を了承します。

担保権消滅請求について

任意売却は、別除権者である担保権者の了承がなければ行うことができません。しかし、破産管財人が、多額の代金を支払ってくれる買主を見つけてきたとしても、担保権者が了承しないことで任意売却ができないというのでは不合理です。

そのため、担保となっている財産を任意に売却して担保権を消滅させることが破産債権者の利益にかない、担保権を有する者の利益を不当に害しない場合には、破産管財人は裁判所に対して担保権消滅の許可の申立てができます。担保権消滅請求に対して、①担保権を実行するか、②担保となっている財産を買い取るかという、２つの対抗手段が担保権者には用意されています。「担保権を実行する」とは、たとえば抵当権であれば不動産の競売を申し立てることをいいます。担保権者が担保権実行の申立てをした場合には、担保権消滅請求に対して裁判所は不許可決定をします。「担保となっている財産を買い取る」とは、破産管財人が担保権消滅請求を行った際に示した売得金額（破産管財人が、売却によって相手方から取得できる金銭）を５％以上も上回る金額を提示して、担保権者か他の第三者が担保の目的となっている不動産を買い取ることをいいます。破産管財人が示した条件より良い条件で担保目的物を買い取る場合には、破産管財人が主導する任意売却に応じる必要はありません。

担保権者が、担保権の実行や、担保の目的となっている財産を買い取るといった手段を講じなければ、裁判所は担保権消滅請求に対して許可決定を出します。

6 相殺権について知っておこう

通常とは違うルールで相殺を行う

どんな場合に相殺できるのか

通常、お互いの債権が同じ金銭債権で、両方の債権の弁済期が来ている場合に相殺が行われます。一方の債権が物の引渡しを求める債権であったり、弁済期が来ていない場合には、相殺はできません。

しかし、破産手続きの中では、破産者に対する債権が金銭債権ではない債権も金銭債権と同じように扱われます。また、弁済期の到来していない債権であっても、弁済期が来ているものとして扱われます。

そのため、破産手続きの中では、破産者に対する債権の弁済期が到来していない場合や、債権の一方が金銭債権でない場合でも相殺が可能です。たとえば、破産者に対して貸金債権を有しており、貸金債権の返還期日はまだ来ていないという場合でも、貸金債権を自働債権（相殺をする際に相殺する側がもっている債権のこと）として相殺することが可能です。また、破産者に対して物の引渡しを請求するという債権を有している場合でも、その債権を自働債権とした相殺ができます。

破産に対する債権に、ある条件を満たすと債権が消滅するという解除条件や、ある条件を満たすと債権が発生する停止条件がついている場合、担保の提供や寄託（破産管財人に保管してもらうために預けること）をすることにより、相殺が認められるケースもあります。

相殺権行使の方法

破産手続きの中での相殺を無制限に認めてしまうと、不都合が出てくる場面が生じます。

たとえば、AがBに対して金銭債権を有している場面で、Bが破産したとします。このとき、AがBから商品を購入すれば、BはAに対して売買代金債権を持ちます。こうしておいて、AのBに対する金銭債権と、BのAに対する売買代金債権を相殺すれば、最終的にAの手元に商品が残ります。つまり、AのBに対する金銭債権に対して、現金に代えて商品によってBがAに対して弁済をしていることになります。相殺が行われなければ、Aは金銭債権の全額を回収できず、破産手続きの配当によって弁済を受けるだけでしたので、このような相殺を認めてしまうとAとBに対する他の債権者との関係で不公平といえます。

他にも、BがAに対して金銭債権を有している状態でBが破産したとします。このとき、Bに対して貸金債権を有している金融機関からAが安くその貸金債権を買い取り、BのAに対する金銭債権とAのBに対する貸金債権を相殺します。このようにして、Aは安く買い取った貸金債権によって、Bに対する金銭債務を消滅させることができます。しかし、Bは、破産手続きによって配当をするはずだった金融機関に対する貸金債務を全額弁済したのと同じ状態になってしまい、Aから金銭債権を回収することができなくなってしまいます。つまり、破産者の財産が減少してしまうことによって他の債務者への配当も減少してしまうので、相殺を認めてしまうのは不公平だといえます。

■ 相殺権

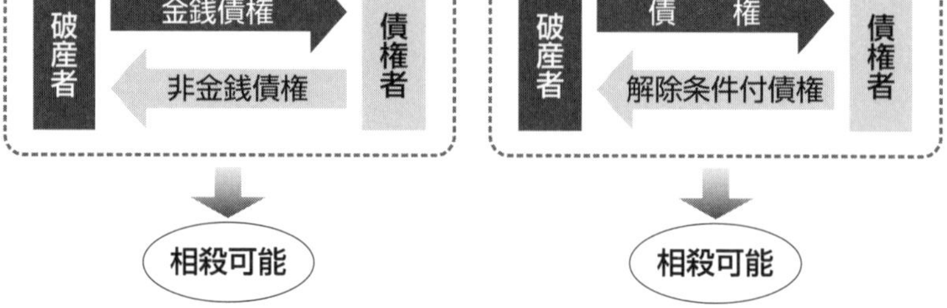

相殺権行使が制限される場合もある

そのため、破産手続きの中では、相殺権の行使が制限される場面があります。以下順に見ていきましょう。

① 破産者に対して債権を有する者からの相殺が制限される場合

破産者に対して債権を有する者が、「破産手続開始決定後」に破産者に対して債務を負担したときには、破産者に対する債権者は相殺ができません。この場合、債権者の主観などは関係なく相殺が禁止されます。

「破産手続開始の申立後、破産手続開始決定前」に債権者が破産者に対して債務を負担した場合で、破産者に対して債務を負担した際に債権者が破産手続開始の申立てがあったことを知っていたときも、債権者は相殺ができません。逆に、破産手続きの申立てがなされていることを知らなければ相殺ができるので、相殺ができるかどうかは債権者の主観にかかっているといえます。

「破産者に支払いの停止があった後」に破産者に対して債務を負担した場合であって、債務を負担した際に、債権者が支払いの停止があったことを知っていたときも相殺ができません。ただし、支払いの停止があった時点で、破産者が一般的継続的に債務の弁済が不可能に

相殺権行使が制限される場合

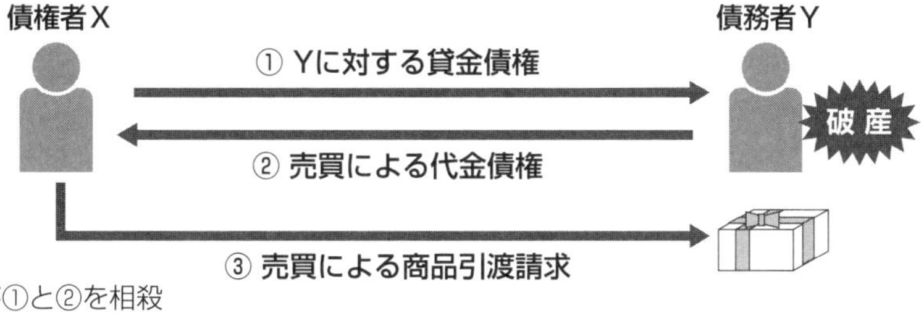

Xが①と②を相殺

➡もし、①の金額と②の金額が同額だとすると、商品の引渡しを受けることができるXは、他の債権者に優先して債権の回収ができてしまい、不公平！

なる支払不能に陥っていなければ、債権者からの相殺ができます。
「破産者が支払不能に陥った後」に、債務を相殺のために用いる目的で破産者に対して債務を負担し、その債務を負担した当時に破産者が支払不能に陥っていたことを債権者が知っていた場合には相殺は禁止されています。また、破産者に対して債務を負担する者の債務を引き受け、その債務を引き受けた時点で破産者が支払不能に陥っていることを知っていた場合にも、債権者からの相殺はできません。

② 破産者に対して債務を負担する者からの相殺が制限される場合

まず、「破産手続開始後」に第三者の破産者に対する債権を取得した場合には、相殺ができません。また、「破産手続開始の申立後、破産手続開始決定前」に破産者に対する債権を取得した場合で、その債権を取得した際に、破産手続開始の申立てがあったことを知っていたときも相殺はできません。逆に、破産手続開始の申立てがなされていることを知らずに債権を取得した場合には相殺することができます。
「破産者の支払停止があった後」に破産者に対する債権を取得した場合であって、債権を取得した時点で、破産者に支払いの停止があったことを知っていたときも相殺ができません。ただし、破産者の支払いの停止があった時点で、支払不能でなかった場合には相殺ができます。
「破産者が支払不能になった後」に破産者に対する債権を取得した場合であって、債権を取得した時点で、破産者が支払不能に陥っていたことを知っていた場合にも、相殺はできません。
なお、破産者との契約によって破産者に対する債権を取得した場合には、その債権を用いて相殺ができます。相殺が制限されるのは、第三者の破産者に対する債権を取得した場合だからです。

7 否認権について知っておこう

破産者の行為を否定できる

どんな権利なのか

破産手続きを行う前の段階で、破産者が自らの財産を減少させるような行為をしたり（詐害行為)、破産者が一部の債権者に対してのみ弁済を行ったりすると（偏頗行為)、債権者に対する公平な財産の分配ができなくなります。

そのため破産手続開始決定がなされる前に破産者が詐害行為や偏頗行為を行っていた場合には、破産管財人はこれらの行為の効力を否定して、流出した財産を破産者の財産の中に戻させることができます。このような破産管財人の権利のことを**否認権**といいます。

以下、具体的に見ていきましょう。

①　詐害行為

詐害行為とは、破産者の財産が減少し、すべての債権者が不利益を受けるような行為のことをいいます。たとえば、Ａ、Ｂ、Ｃの債権者がいて、３人の債権者はそれぞれ1000万円の債権を破産者に対して有していたとします。このとき、破産者が総額900万円の財産を有していれば、債権者Ａ、Ｂ、Ｃはそれぞれ300万円ずつの配当を受けることができるはずです。しかし、破産者が900万円の価値のある財産を600万円で売却してしまうと、債権者Ａ、Ｂ、Ｃへの分配額は200万円に減少してしまいます。このような場合に、破産者の行為を否認する必要性が出てきます。

具体的には、まず、破産者が債権者を害することを知ってした行為については、破産管財人は否認することができます。ただし、破産者と取引をして利益を受けた者が、取引当時に、破産債権者を害することを知らなかったときは、否認することはできません。たとえば、破産者の財産を安値で売却した場合に、破産者も取引相手も、その取引が破産者に対する債権者に不利益を与えるとわかっていた場合には、破産管財人はその取引を否認することができます。

また、破産者に支払いの停止があったり、破産手続開始の申立後に破産者によって行われた破産債権者を害する取引も否認の対象となります。ただし、取引によって利益を受けた者が、取引当時に、支払いの停止や破産手続開始の申立てがあったことと破産債権者を害する事実を知らなかったときは、否認することはできません。さらに、破産者の支払いの停止や破産手続開始の申立後、あるいはその前6か月以内に行った、無償で破産者の財産を譲り渡す行為も否認の対象となります。

② 偏頗行為

偏頗行為とは、破産者が負担している特定の債務のみを弁済したり、特定の者に対してだけ担保を提供する行為のことをいいます。たとえば、A、B、Cの債権者がそれぞれ1000万円の債権をもっており、破産者が900万円の財産を有していれば、債権者A、B、Cはそれぞれ300万円ずつの配当を受けることができるはずです。しかし、破産者がAに対してのみ900万円を弁済してしまうと、BとCはまったく弁済を受けることができません。このような破産者の行為が偏頗行為です。

具体的には、破産者が支払不能に陥ったり、破産手続開始の申立後に行った偏頗行為は否認の対象となります。ただし、債権者が、破産者が支払不能に陥っていることを知らなかったり、破産手続開始の申立てがなされていることを知らなかった場合には、否認はできません。

また、破産者に義務がないのに行われた行為で、その行為によって利益を受けた者が、他の債権者を害することになると知っていた場合には、その行為を否認できます。たとえば、弁済期が到来していない債務に対して破産者が支払いをする行為がこれに該当します。

登記などの対抗要件についても否認の対象となります。たとえば、不動産の売買を行った後に売主が破産し、売買契約から15日以上が経過してから買主が売主の状況を知って登記をしても、この登記は否認の対象になります（破産法164条）。そのため、不動産の買主は、不動産を取得したことを破産管財人に主張できません。

行使の仕方について

否認権は、訴えや否認の請求または抗弁（原告の主張を単に否定するのではなく、別個の事実を主張して争う被告側の主張のこと）によって、破産管財人が行使する必要があります。ただし、実務上は、訴え提起などを行わなくても、否認権行使の相手方と交渉を行い、任意に財産を返還してもらうような処理が行われています。また、否認の対象となった財産のすべてを返還してもらうのではなく、財産の一部を返還してもらうことで話し合いをまとめてしまうという処理も行われています。

否認権を行使すると、否認の対象となった行為は最初からなかったことになり、財産は破産者のもとに戻ります。否認権は、破産手続開始の日から２年を経過すると、行使することができなくなります。

否認権

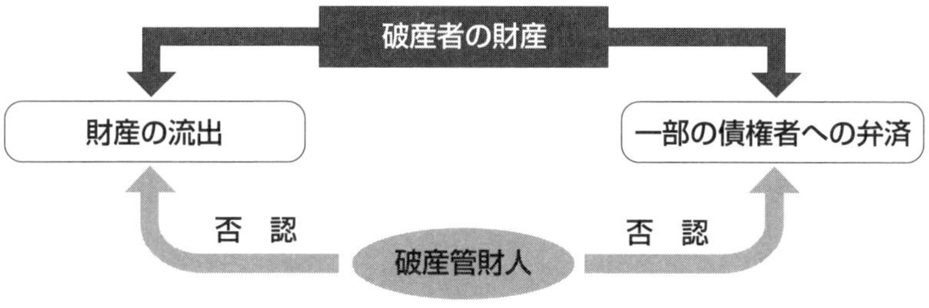

8 債権の確定から配当までの注意点

破産債権には優先順位がある

破産債権にはどんなものがあるのか

破産債権は、破産者に対し破産手続開始前の原因に基づいて生じた財産上の請求権のうち、財団債権に該当しないものをいいます。

また、破産手続開始前に生じた原因によって生じた債権であれば、破産債権となります。債権に条件や期限がつけられていたとしても、破産手続開始前に契約を締結して債権発生の原因を作っていれば、その債権は破産債権となります。

破産債権には順位がつけられています。優先順位の高い順から、優先的破産債権、一般破産債権、劣後的破産債権、約定劣後破産債権となり、優先順位の高い債権から弁済を受けることになります。

優先的破産債権とは、一般の先取特権など優先権がついている債権のことをいいます。たとえば、国税・地方税のうち一部の債権は優先的破産債権になります。また、労働債権や葬式代を請求する債権も先取特権が認められますので、財団債権にあたる場合を除き優先的破産債権になります。

劣後的破産債権に該当する債権には、破産手続きが開始した後に発生した利息債権や、破産手続きに参加するために必要になった費用を請求する債権があります。約定劣後破産債権とは、破産者と債権者との間で、「劣後的破産債権よりも劣る債権とする」という合意のなされた債権です。

優先的破産債権、劣後的破産債権、約定劣後破産債権のいずれにも該当しない債権が一般破産債権になります。

破産債権の確定

債権者が届出をした債権の内容は、破産管財人が認め、届出をした他の破産債権者が異議を述べなければ確定します。

債権の内容について破産管財人が認めない場合や、他の債権者から異議が出た場合には、その債権を届け出た債権者は裁判所に対して査定の申立てができます。裁判所はこの申立てに基づいて破産債権の査定決定を行いますが、この査定決定にも不服がある場合には債権査定異議申立ての訴えを提起することができます。この訴えの裁判が確定した時点で、破産債権の額などが最終的に確定します。

財団債権について

財団債権とは、破産手続きとは関係なく破産者の財産から随時弁済を受けることができる債権です。財団債権に対しては、債務者の財産から最も優先的に弁済されます。

たとえば、破産手続開始時点で納期限が未到来または納期限が到来して1年経過していない租税債権、破産債権者の共同利益のために行う裁判上の費用の請求権、破産財団の管理費用に関する請求権、破

■ 破産債権の種類と優先順位

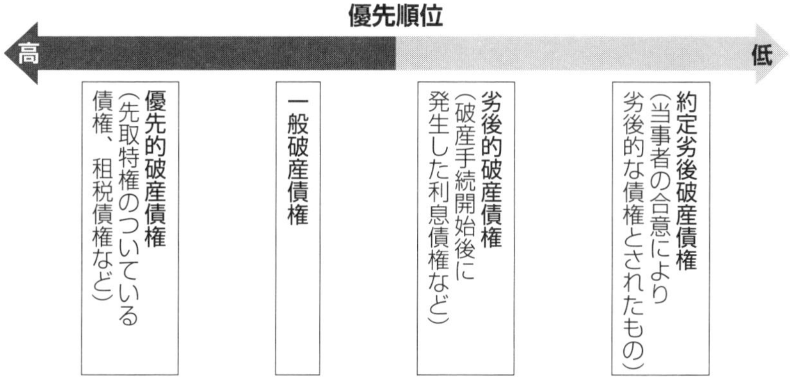

産財団に関し破産管財人がした行為によって生じた請求権、事務管理（法律上の義務がないにもかかわらず、他人の事務を処理する行為のこと）や不当利得（法的に正当な原因がないにもかかわらず利益を受け、そのために他人に損失を及ぼした場合の利益のこと）により破産手続開始後に破産財団に対して生じた請求権などは財団債権になります。

また、破産手続開始前の３か月間、破産者の下で働いていた労働者の給料請求権や退職金請求権の一部は財団債権になります。労働者の保護という観点から、給料に関する債権は優先的に支払うことが認められています。

■破産財団の換価・配当について

破産管財人が破産財団に属する財産を換価して、破産債権者に配当する手続きを行います。管財人が破産財団に属する財産を換価して得た金銭は、届出債権者に順次債権額に応じて分配していきます。これが配当です。配当には、それがなされる時期によって、中間配当・最後配当・追加配当などがありますが、中小零細事業者の破産の場合には、配当がない場合も多く、よほどのことがない限り最後配当手続がなされるだけです。配当額が少なかったり、債権者の異議がなければ、簡単な手続きにより行うことができる簡易配当が実施されます。

最後配当の手続きとしては、まず破産管財人が配当表を作成します。その後、最後配当の手続きに参加することができる債権の総額と、最後配当をすることができる金額を公告・通知します。配当表に不服がある者は異議を申し立てることができます。異議がなければ配当表が確定します。なお、配当は、銀行振込によって行われます。

配当が終了し、破産管財人は、任務終了の計算報告書を裁判所に提出します。そして、任務終了計算報告集会の終結後、破産終結決定がなされ、裁判所が決定公告を行うことで、破産手続きは終了します。

9 民事再生手続きについて知っておこう

申立権者、申立てのタイミングを知ること

どんな制度なのか

民事再生とは、債務者が再生計画の認可を受けることによって、今ある借金を大幅に圧縮する法的な債務整理方法です。民事再生手続きを申し立てる場合、短期間で再生計画案（債務者を再建するための具体的内容が定められたもの）をまとめる必要が生じます。この民事再生手続きは、借金を抱えた個人債務者の再生手段としても利用されていますが、大規模な企業の再建にも利用されています。

手続きの申立てを行うことができるのは、債務者と債権者です（これらの者を申立権者といいます）。

なお、会社が申立てを行う場合には、取締役会において、取締役の賛成多数の議決があれば足ります。

債権者としては債務者の再生計画に賛成するかどうかがポイントになります。

破産手続きとの違い

破産手続きにおいては、破産管財人が選任されて、取締役は会社の破産により取締役としての地位を失うことになります。

これに対して、民事再生手続きの場合、原則として、手続開始後も債務者である会社の経営陣が業務遂行と財産管理を行います。このような手続きを、DIP型手続きといいます。DIP型手続きでは従来の経営陣が、引き続き経営を行うことができるので、会社が苦境に陥っても、経営陣が民事再生手続きを申し立てやすいしくみになっています。

保全処分による財産流出の防止

申立権者から民事再生手続きの申立てが行われ、裁判所がその申立てを認めることを「開始決定」といいます。この申立てから開始決定までは平均して約１か月かかります。

この間、申立てを行った会社の取引先が、会社の財産状況に不安をいだいて、他の取引先を出し抜いて、自分にだけ代金の支払いを求めることなどないように（これを認めると他の取引先との関係で不公平となります）「保全処分」を裁判所に申し立てることができます。中でも強力な保全処分が中止命令・取消命令です。これは、一般債権者が個別的に行った、仮差押や強制執行（競売等）について、中止や取り消す命令を裁判所が下すことです。

さらに強力な保全処分として、包括的に、一般債権者の権利行使を、一切禁止する包括的禁止命令があります。この命令が下されると、すべての一般債権者は、再生債務者の財産に対して、仮差押や強制執行を中止または禁止されます。

別除権と担保権消滅請求制度

裁判所が中止命令・取消命令を下すと、一般債権者は、債権を回収することができなくなります。

これに対して、抵当権などをもつ担保権者は、担保権を実行して、そこから生じたお金から、優先弁済を受けることができます。この担保権の実行は、裁判所の保全処分によっても、担保権者が判断を変えない限り、妨げられることはありません。このような担保権者の権利を別除権といいます。

しかし、抵当権が設定されている土地と建物が、本社ビルであり、本社ビルがなければ再生が不可能という事態も考えられます。

そこで、民事再生法では、一定の場合に債務者が担保権の消滅の申立てをできることを認めています。この制度を担保権消滅請求制度といいます。

開始決定を出してもらえる場合

民事再生手続きの流れは229ページの図のとおりです。申立書の作成・提出は申立人代理人である弁護士が行います。

ただし、民事再生手続きの開始決定を出してもらうためには、申立てが適法で、申立ての棄却事由が存在しないことが必要です。

棄却事由には、以下の４つの事由があります。①再生手続きの費用の予納がないとき、②裁判所に破産手続きまたは特別清算手続きが係属し、その手続きによることが債権者の一般の利益に適合するとき、③再生計画案の作成もしくは可決の見込みまたは再生計画の認可の見込みがないことが明らかであるとき、④不当な目的で再生手続開始の申立てがされたとき、その他申立てが誠実にされたものでないとき、です。債権者は民事再生手続において、以下の債権者説明会や債権者集会で手続きに関与することになります。

債権者説明会で事情を説明する

債権者説明会とは、後で説明する債権者集会とは異なり、債権者に、業務や財産の状況または再生手続の進行について、説明するものです。民事再生手続きが開始されれば、債権者の権利行使にも影響を与える

民事再生手続きのポイント

- 利用者はすべての法人と個人である
- 申し立てることができるのは債務者と債権者である
- 財産などの管理処分権は債務者にある。経営者は交代しない
- 破産原因（支払不能）がなくてもよい
- 管理機関として監督委員が選任される

(多くの場合、債権の額が減る）ので、債務者は、それに対するお詫びをするわけです。最初に、説明会の案内通知を債権者に発送する必要がありますが、そのタイミングは、民事再生手続開始の申立てが受理された直後になります。開催までは、債権者が案内通知をもらってから１週間程度かかります。説明会には、会社の代表取締役及び申立代理人は出席する必要があります。監督委員も出席することが多いようです。代表取締役は挨拶という形で、債権者にお詫びをして、申立代理人は申立てに至った経緯を説明します。監督委員は中立の立場から意見を出します。

債権者集会はどのように行われるのか

通常の再生手続きにおいては、一般には債権者集会で、再生計画案の決議を得ることになります。再生計画を可決するには、次の２つの要件を満たす必要があります。

① 議決権者の過半数の同意

② 議決権者の議決権総額の２分の１以上を有する者の同意

このような場合に、債務者はあらかじめ債権者から委任状を求めるケースがあります。委任状をもらっておけばこれらの要件を満たしやすくなるからです。特に②の要件を満たすために、大口の再生債権者には個別に委任状の勧誘を行うことが多いようです。

また、裁判所は、再生計画案の提出がなされた場合において、裁量により、再生計画案を書面によって決議する旨の方法をとることができます。具体的には、小口の債権者が非常に多く、債権者集会での決議を得ることが困難な場合などに書面による決議となるようです。

さらに、すべての届出債権者が書面により再生計画案に同意しており、かつ、再生債権の調査および確定手続を経ないことに同意しているような特別の場合には、債権者集会などでの決議は不要となります(同意再生)。

再生債権の届出・調査・確定

民事再生手続きが開始されると、申立書の一部として作成した債権者一覧表に記載された債権者に、手続きが開始されたことが裁判所から通知されます。これに対して、債権者は自分の保有する債権を申告します。この手続きを債権届出といいます。

債権者からの債権届出を受けると、債務者より認否書が作成され裁判所に提出されます。認否書とは債務者が自分で認識している債務に

通常の民事再生手続きの流れ

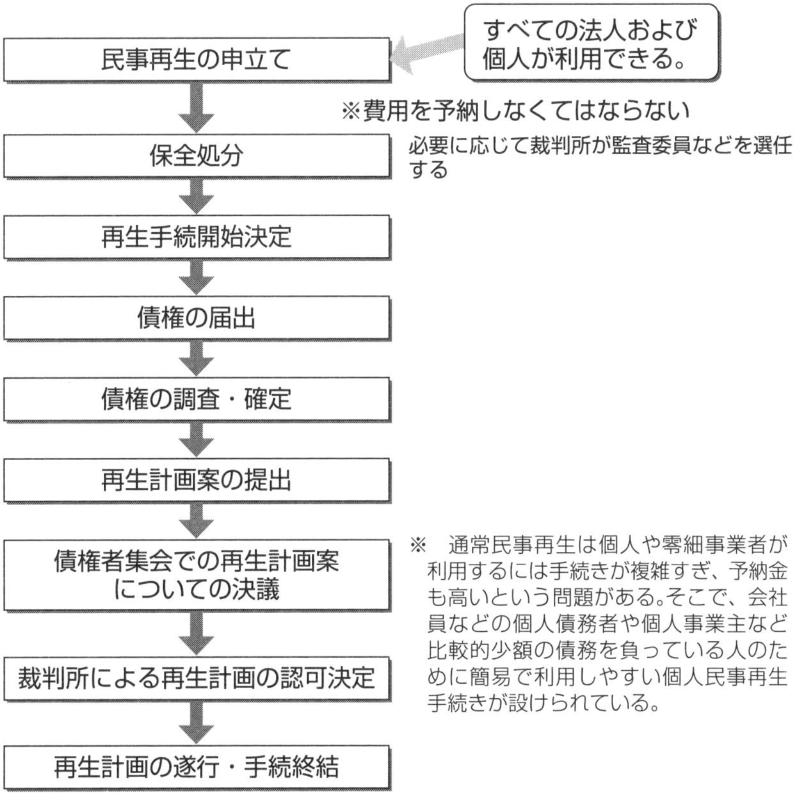

ついて、その内容と議決権についての認否を記載するものです（債権の存在を自ら認めるわけです）。その後、認否書などに基づき債権調査が行われます。債権調査の結果は裁判所書記官が再生債権者表に記載します。再生債権者表に記載された債権者は、債権者集会等で議決権が与えられ、確定された債権額に基づいて、議決権総額は算定されます。つまり債権者は、債権届出をして、再生債権者表に記載されない限り、民事再生法の手続的保障を受けることができないのです。届出を怠った場合、原則として債務の弁済を受けることができません。

なお、認否書に、債権者として記載されていれば、記載された債権の金額については、債権届出を行わなくても、例外的に債務の弁済を受けることができます。

■共益債権は保護される

民事手続開始決定を受けても、会社は再生に向けて取引活動を継続することが多いので、手続開始後も、取引先などが、再生債務者である会社に対して、債権を取得することがあります。このような債権を**共益債権**といいます。

共益債権は、再生債権（共益債権や優先債権ではない一般債権）と異なり、民事再生手続外で臨時の弁済を受けることができます。共益債権が保護されている理由は、このような保護がなければ、代金を支払ってもらえない、または減額されることを恐れて、開始決定後に再生債務者と取引をする者が減ってしまうからです。

また、申立て後開始決定前に発生した債権であっても、債務者の事業の継続に必要不可欠のもの（会社の事業の継続に必要不可欠な取引によって生じた債権）であること、裁判所、または監督委員が認めれば、許可、承認を受けることによって、共益債権となります。

第7章

売掛金や回収できない債権の経理上の処理

1 売掛金や手形・小切手の管理について知っておこう

売上債権が現金化されるまでしっかりフォローする

補助簿を作成して管理する

商取引の流れは、注文→商品の受渡し→商品代金の回収となっています。一般的に法人と法人の間で取引を行う場合には、商品と引き換えにその場で現金を支払うケースは少なく、先に商品を受け渡してから後日商品代金を回収します。たとえば「商品受渡しの翌月末振込」など、得意先と取引を始める際に支払条件を取り決め、支払期限を記載した請求書を得意先に送り、支払いを受けることになります。このような後から支払いを受ける形態の取引を**信用取引**といいます。

信用取引の場合、商品を受け渡してから代金を回収するまで空白期間があります。このときのまだ回収していない代金のことを会計上**売掛金**といいます。反対に商品を仕入れた場合の未払いの商品代金を**買掛金**といいます。

信用取引では、商品等を受け渡して終わりではなく、得意先から売掛金を回収した時点で無事その販売行為は終了です。しかし、相手方が必ず入金するとは限りません。売掛金を残したまま相手先が倒産し、会社が損害を被ってしまうなどのリスクも存在します。

会社経営において、いかに売上を伸ばすかと共に、このようなリスクをいかに減らして確実に代金を回収するかについて対策を立てることも重要な仕事です。そのためには、「売上帳」「売掛金元帳」という補助簿を作成し、「いつ」「どこに」「いくら売り上げて」「いつ入金されたのか」について、情報の記録・整理をする必要があります。

これらの補助簿を管理することで、得意先の売上傾向や入金の状況などを分析することができます。

確認作業をどのように行うのか

売掛金の回収状況は、「売掛金台帳」を活用して以下のような方法で確認します。

売掛金台帳には、日付・販売した得意先名・金額が記載されています。得意先から入金を受けた時に売掛金台帳と照合し、どの売掛金に相当するかを特定して消し込んでいきます。１回の取引ごとに入金される場合もあれば、複数の売掛金がまとめて入金される場合もあります。時には入金した額と台帳の売掛金の額をパズルのように組み合わせて消し込みを判断しなければならない場合もあります。取引規模が大きい会社であればこの作業は非常に煩雑になるため、一取引ごとに注文番号・請求番号など記号や番号を付けて、入金済の記号や番号を消し込んでいくという管理方法が一般的です。どうしても入金額と売掛金との内訳とが一致しないときは、相手先に入金の内訳を聞くことも一つの方法です。

補助簿の種類

補助記入帳	
現金出納帳	現金の入金・出金・残高の記録
当座預金出納帳	当座預金の預入れ・引き出し・残高の記帳
小口現金出納帳	小口現金の収支の明細を記録
仕入帳	仕入れた商品・製品・材料と金額の記帳
売上帳	販売した商品・製品・サービスと金額を記帳
補助元帳	
商品有高帳	商品の出入りと残高を記録
仕入先元帳	仕入先ごとに仕入れた商品・製品・材料・数量・金額を記帳、買掛金の支払いを記帳
得意先元帳	得意先ごとに販売した商品・製品・サービス・数量・金額を記帳、売掛金の回収を記帳

入金済の売掛金は帳簿や貸借対照表上の資産残高から減少します(代わりに入金分の現預金や手形が増加します)。そして売掛金残高として残ったものがまだ入金がされていない売掛金です。

次に、残った売掛金の中に請求時の入金予定期日より遅れているものがないかをチェックします。入金が遅れているものについては、たとえば、「担当する営業部門を通して理由を確認する」「相手先に督促する」など、社内で対処方法を取り決めた上でそれに従って対応します。この作業は定期的に行うようにします。

手形の割引について

売掛金の代金として手形を受け取った場合、期日が到来するまでは資金化されません。期日前に資金が必要なときは、受取手形を銀行に持ち込むとお金を受け取ることができます。これを**手形の割引**といいます。

手形を割り引いた場合、銀行に持ち込んだ日から手形の期日までの期間に相当する金利を、手形の額面から割り引かれて入金されます。つまり手形を担保に銀行から融資を受けるということと同じです。

手形の割引が銀行融資であれば返済義務が生じます。割り引いた手形の期日が到来し、無事決済されれば返済は完了です。しかし、もし手形の振出人が倒産してしまい決済されない場合には、自社が手形の額面分の金額を負担し、銀行に返済しなければなりません。

このように、不測の出来事があった場合に当社の債務となる可能性があるもののことを**偶発債務**といいます。

偶発債務は、会社の財政状態を知りたい利害関係者や株主等に対して大切な情報となるので、決算書の貸借対照表の注記情報で「受取手形割引高」として割り引いた手形の金額を記載します。

不渡りについて

得意先から小切手や手形で受け取った場合、その期日（小切手の場合には振出日）が到来すると銀行に持ち込んで資金化します。逆に手形や小切手を振り出した側は、当座預金に決済資金を準備しておかなければなりません。振出人の預金残高が不足し、手形や小切手が資金化できないことを不渡りといいます。すでに割り引いた手形が不渡りになった場合は、前述のとおり額面金額を銀行に返済しなければなりません。

このように売掛金の代金として小切手や手形を受け取り、領収証を発行した後も、期日が到来して実際に入金があるするまでの間はリスクが存在しています。

なお、得意先から、その得意先が保有している受取手形をそのまま裏書きして当社に支払われる場合があります。これを裏書手形（手形の裏書き）といいます。裏書手形の振出人が不渡りになった場合は、裏書譲渡人に手形の買戻請求をすることができます。

不渡りを一定期間に２回起こすと銀行取引停止処分となり、その会社は事実上の倒産です。このような状態の会社からお金を回収することは非常に厳しくなります。得意先の手形が不渡りになったという情

■ 売掛金台帳の活用による売掛金の回収状況の確認 ………………

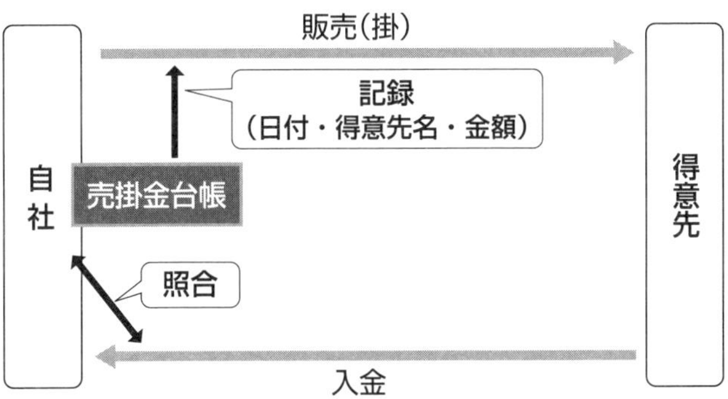

報を得た場合には、早急に対策を検討する必要があります。

会計上の処理としては、手形が不渡りになった得意先の売掛金は、１年内に回収することが見込まれない場合には、通常の売掛金とは分離して「長期売掛金」などの固定資産へ振り替えます。

信用管理を徹底させる

回収遅延などに対処するため、補助簿を作成して管理することについて前述しました。しかしそれだけではまだ十分とはいえません。

リスクを極力減らすため、会社としてやるべき作業は取引を開始する前にあります。まず、取引の相手先がどのような会社なのか調査を行います。その会社の規模・支払能力・過去の経営成績などを分析して、「どの程度の取引までなら大丈夫か」といった取引の与信限度額を設けることで、無謀な取引を回避します。これを**信用管理**といいます。与信限度額とは、取引先から受ける売掛金・受取手形など売上債権の残高の上限のことです。

信用管理は、社内のチェック体制づくりが大切です。

①　独立した信用管理部門の設立

信用管理を担当する部門を設けます。調査部・総務部・経理部など所属はどちらでもかまいませんが、営業部とは独立し、牽制し合うような存在であるのが望ましいといえます。なぜなら営業は必然的に業績重視となり、多少の問題は目をつぶってでも取引を続行させてしまうという可能性があるからです。これではチェック体制が機能しません。

②　与信限度額の設定

取引先の状況を把握するため、決算書など財務内容を判断できる情報を定期的に入手します。調査部などの独自の調査機関を設けて情報収集することが難しい場合は、コストはかかりますが、調査会社を利用するという方法もあります。

情報を得た後で内容を分析し、取引先ごとに与信限度額を設定します。与信限度額を設定した後に、常時限度額をオーバーしていないかチェックします。

③　与信不安先の対応

赤字決算・債務超過など判断材料はさまざまですが、与信不安先をふるいにかけるための社内のルールを設けます。チェック体制を機能させるためには、調査した取引先の内容に不安な兆候があると判断したときに社内全体で情報の共有ができるようにすることが大事です。常に取引先と接触している営業部門などからは、状況を判断する上で早期に多くの情報が得られるはずです。

与信不安先と判断した場合は、与信限度額を下げるか回収期限を短縮するなどできるだけ会社のリスクが小さくなるようにします。担保を設定しておくことなども一つの手段です。

なお、実際に取引先が倒産したような場合の回収対応策も準備しておきましょう。

健全な会社との取引を増やしていくことで、運転資金が潤い、会社の財政状態もよくなります。信用管理を徹底させることは地道な作業ではありますが、会社の健全な経営のための第一歩だといえます。

■ 手形の割引・不渡りと会社処理上の注意点

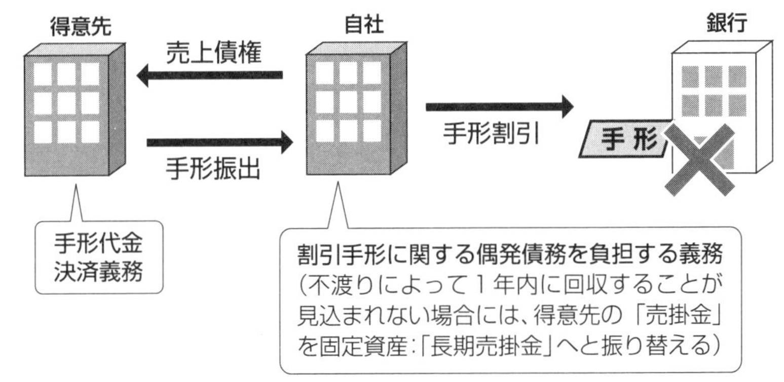

Q 売上操作などによって利益を（普通は高く）見せかけるなどの粉飾決算を見抜くにはどうしたらよいのでしょうか。

A 粉飾とは文字通り「飾る」ことで、企業の利益をよく見せることによって、株主や投資家からの資金を調達しやすくしたり、株価を上げたり、または株価を維持しようとします。債権者を騙すためにも使われます。

粉飾決算を行う理由は上場企業であれば高い株価を維持するため、上場を維持するため、投資家に対して公表した業績予想どおりの利益を確保するためなどです。上場していない企業であれば銀行から融資を受けやすくする目的などのために行われます。

一番行われる粉飾の方法は、売上を利用したものです。つまり、売上の架空計上です。実際には当期には存在しない売上を計上する手法です。一般には、当期の売上高が足りない場合に来期分の売上高を前倒しで当期分に計上したり、実態のない売上を売上証憑の偽造や取引先との協力により、あたかも売上があったかのように仮装をしたりします。

この方法も、相手会社が自社とは資本関係のない第三者であれば粉飾は見破られる場合もありますが、相手会社が子会社などの場合は巧妙な手口を使った粉飾が行われますのでなかなか見破れない場合もあります。それは、子会社に商品を販売していないのに請求書を発行して売上計上するなどの粉飾が行われる可能性があるからです。

このように子会社など資本関係のある会社を通じた粉飾は行われやすいので、重点的に管理すべきです。

在庫を調整する粉飾方法もあります。つまり、期末棚卸高を多めに計上するのです。売上原価＝期首棚卸高＋当期仕入高－期末棚卸高です。この算式からわかるように、期末棚卸高を多めに計上するということは、売上原価が少なく計上されることを意味します。結果として、売上総利益が多く計上されるわけです。

●流動資産の増加などの決算書の分析で見抜く

売上の架空計上や在庫の過大計上などの粉飾も、結果として売掛金や商品の異常な増加額によって見抜くことができます。粉飾を巧妙に行っても、必ず、どこかの数値につじつまが合わない所が出てきます。

たとえば当期と前期の損益計算書を比較すれば仕入が計上されずに売上だけが計上されるのですから、売上原価率（売上原価／売上高）×100は下がります。さらに売上に対する売上債権の回転期間（売上債権÷月平均売上高）も当然長くなっているはずです。このように、粉飾やその兆候を発見できる場合があります。

つまり、債権者は、債務者である会社の貸借対照表や損益計算書を純粋に信じることなく、これらの決算書を分析することで、粉飾がないかどうかを確かめる必要があります。

また、会社の公表する決算書に粉飾が行われていないことを第三者が保証するしくみが必要となります。それが金融商品取引法や会社法などに基づいて行われる会計監査です。会計監査とは、会社の株主や投資家などの利害関係者に対して公表する財務諸表が適正に作成されていることについて、独立した立場にある第三者である公認会計士又は監査法人が証明することをいいます。

会計監査の目的は、企業の財務情報に対する信頼性の保証にあります。公認会計士または監査法人は、会社が作成した財務諸表が粉飾などなく適正に表示されているかどうかについてチェックし、その結果を意見として表明します。公認会計士や監査法人も自分達がいい加減な監査をして利害関係者に損害を与えるような結果となれば、監督官庁より処分を受けたり、株主や投資家などから訴えられたり、それにより社会的な信用を失い、最悪の場合には公認会計士の業務停止命令や監査法人の解散ということもあり得ます。

2 取引先の倒産などで回収できなくなった場合の経理処理はどうする

貸倒損失の成立要件について知っておく

貸倒損失とは

取引先の財政状態の悪化や倒産などにより、まだ回収していない売掛金や貸付金などの金銭債権が戻ってこないことになると、その金額はそのまま会社の損失ということになります。いわゆる焦げつきですが、これを**貸倒損失**といいます。

どのような処理をするのか

金銭債権は、貸借対照表上では資産として表示されます。お金が回収される見込みがないということは、その金銭債権は不良債権として残ったままとなってしまい、会社の正しい財政状態を表すことができません。そこで、貸倒れが発生した時に、次の仕訳で費用・損失の科目に振り替えます。

（借方）貸倒損失／（貸方）売掛金・貸付金などの金銭債権

この処理により、貸倒損失分の会社の資産及び儲けが減少します。貸倒損失として処理をした後にお金が回収できた場合は、「償却債権取立益」という科目に振り替え、その年度の収益として取り扱います。

どんな場合に認められているのか

経費や損失が増えると会社の儲けは減り、その儲けに対して課される法人税も少なくなります。もし「負担する税金を少なくしよう」と考える会社があるのであれば、経費や損失はできるだけ多く計上しようと考えるはずです。災害や盗難のように誰の目から見ても明らかな事実とは性質が異なり、債権が回収できなくなったかどうか、つまり「貸し倒れたかどうか」については当事者にしか判断できないという一面があります。もし、ある会社は「税金を少なくしたい」ため１か月入金の遅れた売掛金を貸倒損失として処理し、一方で別の会社は実際に倒産してしまった会社の売掛金のみを貸倒損失として処理するというように、会社の意図が介入する余地があるようでは、税金の負担にも不公平が生じてしまいます。

また、債権が回収不能であるかどうかの判断は前述のとおり難しく、会社側に判断を委ねてしまうと損益計算書の貸倒損失の計上額が状況によって異なることになり、国の税金確保の安定性が薄れてしまいます。このような理由から、貸倒損失をより客観的なものにするために、税務上は貸倒れが成立するための要件が設定されています。

以下①～③のいずれかの事実があったとき、貸倒損失として処理することが認められています。

① 法令等により金銭債権が消滅する場合
② 全額が回収不能の場合
③ 売掛債権の貸倒れの場合

①は、以下のような法令等に基づく事実により債権が切り捨てられたり免除されたりして、最終的に回収できないことになった金額を貸倒損失として処理します。②③については、次ページ以降で説明していきます。

・会社更生法による更生計画又は民事再生法による再生計画の認可の決定があった場合
・会社法による特別清算に基づく協定の認可の決定があった場合
・債権者集会や金融機関等のあっせんによる当事者間の協議決定により債権放棄した場合
・債務者の債務超過の状態が相当期間継続し、弁済を受けることがで

きないと認められる場合

なお、①のケースに限り、会計上貸倒損失として処理をしなかった場合であっても、税金の計算上は当期の儲けから差し引いて計算します。

たとえば、当期利益150万円で、これ以外に①の貸倒損失50万円が存在した場合、150万円－50万円＝100万円が、法人税が課税される対象となる課税所得（税法上の利益）となります。

全額が回収不能の場合（事実上の貸倒れ）

法的な事実はないものの、売上先やお金を貸した相手など、債務者の財産状態、支払能力から回収ができないことが明らかな場合は、その回収できない金額を貸倒損失として処理します。たとえば債務者が死亡・行方不明・被災などによって支払いができなくなったような場合です。ただし担保物がある場合はこれを処分し、その代金を控除した残金が、計上できる貸倒損失となります。

担保物とは、抵当権などで担保されている不動産や取引の際に預かった保証金などのことです。

売掛債権の貸倒れ（形式上の貸倒れ）

売上先に対する売掛債権については、次の２つのケースで、貸倒損失の処理が認められています。ここでは貸付金などの債権は含まれません。

まず１つ目としてかつては継続して取引していたが、取引がなくなって１年以上経過している取引先に対する場合です。この場合、売掛債権から備忘価額（その資産が残っていることを忘れないための名目的な価額のこと）１円を帳簿上残して貸倒損失を計上します。

たとえば未回収の売掛金が1,000円ある場合は次のようになります。

（借方）貸倒損失　999／（貸方）売掛金　999

２つ目として遠方の取引先で、その債権の額よりも旅費交通費などの取立費用の方が上回ってしまい、かつ督促したにもかかわらず支払いがない場合です。この場合も同様に、備忘価額１円を残して貸倒損失を計上できます。なお、同一地域に複数の取引先がある場合、それらの合計の債権金額と取立費用で判断します。

たとえばＡ県に事務所を置く会社（「甲社」とします）が、Ｂ県にＣ社、Ｄ社の２社得意先をもっていたとします。いずれの得意先の売掛金についても督促したものの支払いがありません。Ｂ県への交通費は1,000円、甲社のＣ社に対する売掛金は500円、Ｄ社に対する売掛金は800円です。取立てにかかる費用は交通費のみとします。

通常ではＣ社500円＜取立費用1,000円、Ｄ社500円＜取立費用1,000円となり、いずれの売掛金についても貸倒損失を計上できることになります。しかし、常識的に考えると時間と経費を使ってＣ社に出向いたのであれば、ついでにＤ社にも訪問するものです。そこでこのよう

■ 貸倒損失の計上が認められる３つの場合

1. 法令等による貸倒れ

--- 法律上債権が消滅し回収不能となった場合

2. 事実上の貸倒れ

--- 債権者の資産状態などから見て全額が回収不能と認められる場合

3. 形式上の貸倒れ

--- 売掛債権について取引停止など一定の事実が生じた場合

回収の努力もしない安易な貸倒損失計上は、
税務署から贈与（寄付）として扱われるリスクがある

な同一地域における債権については合算で判断します。したがって、この場合ではＣ社・Ｄ社の売掛金500円＋800円＝1,300円≧取立費用1,000円ということで、実際には貸倒損失は計上できないということになります。

貸倒損失を認定してもらうための対策と対処法

貸倒損失として認定されるには、その事実の客観性を保つことが必要となります。「①法令等により金銭債権が消滅する場合」の貸倒れ（241ページ）の中で、債務者の状態から弁済が困難であることが認められる場合には、債権放棄をしたことを通知する書面を内容証明郵便（131ページ）で送付する方法により、債権放棄をした事実を証明します。控えも保管しておくようにしましょう。相手が行方不明の場合でも、所在不明で戻ってきた封書をとっておきます。

242～243ページの「②全額が回収不能の場合」の貸倒れと「③売掛債権」の貸倒れについては、経理処理をしていなければ認定されませんので、決算処理を行うときには、金銭債権の処理もれがないか、よくチェックしましょう。

なお、③の貸倒れについては、継続取引があったことが前提であるため、不動産取引のようなたまたま行った取引による債権については、営業活動上の売上債権であったとしても、継続した取引とはいえないため適用されません。また、担保物がある場合は、取引がまったく停止しているとはいえないので適用されません。

いずれの場合においても、「いつ貸倒損失を計上するのか」ということも重要になってきます。法律による決定のあった日付や、全額回収できないことが明らかになった日付、最後に契約・商品の受渡し・入金等の取引があった日から１年以上経過している日付など、根拠のある日付で計上します。

税務上においては、貸倒損失の事実が認められない場合は、会計上貸倒損失計上を行ったとしても、その取引先に対し債権金額相当の寄付をしたとみなされ、法人税がかかってしまうこともあります。税務上の貸倒損失が成立する要件を満たしているかどうかについては注意が必要です。

損益計算書にはどのように表示されるのか

貸倒損失の損益計算書上の表示場所は、販売費及び一般管理費・営業外費用・特別損失のいずれかになりますが、その貸倒損失の性質により異なります。

売掛金など営業上の取引先に対する貸倒損失は「販売費及び一般管理費」に、貸付金など通常の営業以外の取引で生じた貸倒損失は「営業外費用」に、損益計算書に大きく影響を与えるような、臨時かつ巨額な貸倒損失は「特別損失」に表示します。

貸倒損失の表示

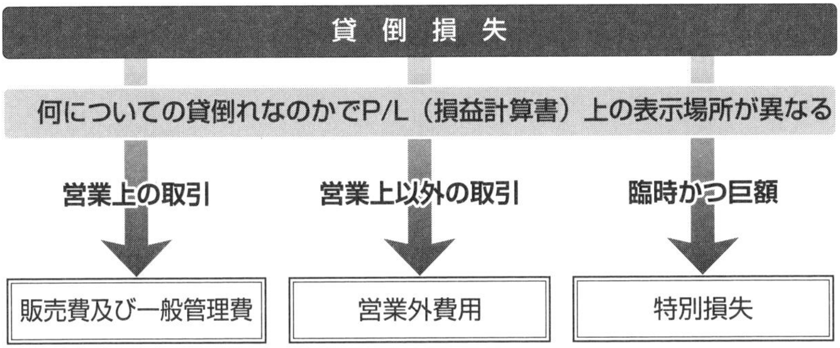

3 貸倒引当金について知っておこう

取引先の状況を把握してリスクに備える

引当金とは

会社の経営にはさまざまなリスクがつきものです。将来突然発生するかもしれない費用や損失を見積り計算し、あらかじめ準備するためのお金のことを**引当金**といいます。引当金の処理で新たに見積った金額は費用として計上します。引当金は、その内容によって資産の部のマイナス項目又は負債の部として貸借対照表に表示されます。

（借方）○○引当金繰入／（貸方）○○引当金

貸倒引当金とは

取引先の倒産などによる貸倒れもリスクのひとつといえるでしょう。会社が保有する売掛金や貸付金などの金銭債権の中に、回収できないおそれのあるものが含まれている場合には、これに備えて引当金を設定します。これを**貸倒引当金**といいます。

会計上は、「取立不能のおそれがある」場合に貸倒引当金を計上します。債権を①一般債権、②貸倒懸念債権、③破産更生債権等、の3つに区分し、その区分ごとに貸倒見込額を計算します。

① 一般債権

経営状態に重大な問題が生じていない債務者への債権です。

② 貸倒懸念債権

経営破たんの状態には至っていないが債務の弁済に重大な問題が生じている又はその可能性の高い債務者への債権です。

③　破産更生債権等

経営破たんまたは実質的に経営破たんに陥っている債務者への債権です。

一方、法人税法上は、金銭債権を「個別評価金銭債権」と「一括評価金銭債権」の２つに区分し、その区分ごとに計算します。

特にリスクの高い金銭債権を「個別評価金銭債権」、その他は「一括評価金銭債権」とする比較的シンプルな考え方です。会計上の債権区分の判断や見込額の計算はやや複雑であるため、明らかに金額がかけ離れている場合を除き、税法上の計算方法をとることができます。

ただし、法人税法上、貸倒引当金の計上が認められるのは、①中小法人等、②銀行や保険会社などの金融機関、③一定の金銭債権を有する法人等（リース会社、債権回収会社、質屋、クレジット会社、消費者金融、信用保証会社など）に限られています。したがって、それ以外の法人が会計上貸倒引当金を計上した場合には、税務上は加算して課税所得に含める必要があります。なお、①の中小法人等とは、資本金等の額が１億円以下である普通法人のうち資本金等５億円以上の大法人等に完全支配されていないもの、公益法人等、協同組合等、人格のない社団等をいいます。

■ 貸倒引当金とは ……………………………………………………

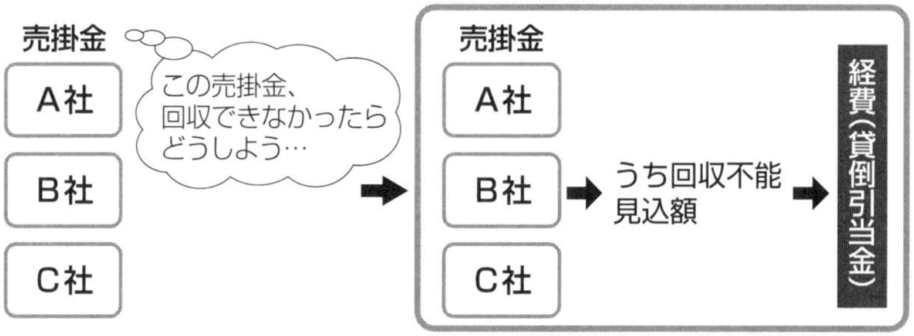

貸倒損失とはどう違うのか

貸倒引当金は、まだ貸倒れの予測段階で損失を計上する一方、貸倒損失は、客観的にその事実が存在している損失であるという違いがあります。たとえば、ある取引先が会社更生法の適用により、当社に対する売掛金100万円のうち半分を切り捨て、残り半分は10年間の分割払いとする決定があったとします。切り捨てが決定された50万円については、回収できないことが明らかなので「貸倒損失」となります。残りの50万円についてですが、支払いを受ける決定がされたものの、会社更生法が適用されたことで、もはや健全な取引先とはいえません。

そこで回収不能を予測して設定するのが「貸倒引当金」です。まだ予測の段階なので、順調に支払いを受けた場合は、毎期その設定金額を見直していきます。

会計上の貸倒引当金の計算方法

会計上貸倒引当金を計算するには、前述のとおり債権を一般債権、貸倒懸念債権、破産更生債権等の３つに分けて行います。

①　一般債権

貸倒実績率法により貸倒引当金を計算します。債権全体または同種・同類の債権ごとに貸倒実績率（２～３年の過去の貸倒実績率の平均値）を掛けて計算します。

以下、具体的な数値例を用いて説明します。債権が計上されてから回収までの期間が通常１年以内の場合において、債権全体に対して2020年度末の決算で貸倒引当金の計算を行う場合を前提とします。

（債権額）

・2020年度末の債権合計　5,000

（貸倒実績率の計算）

・2017年度末の債権合計1,000（このうち2018年度中に貸倒れたもの20）→20÷1,000＝２％

・2018年度末の債権合計2,000（このうち2019年度中に貸倒れたもの30）→30÷2,000＝1.5％

・2019年度末の債権合計3,000（このうち2020年度中に貸倒れたもの60）→60÷3,000＝２％

貸倒実績率（２％＋1.5％＋２％）÷３＝1.83％

（貸倒引当金の計算）

5,000×1.83％＝91

■ 会計上の貸倒引当金と法人税法上の貸倒引当金の違い …………

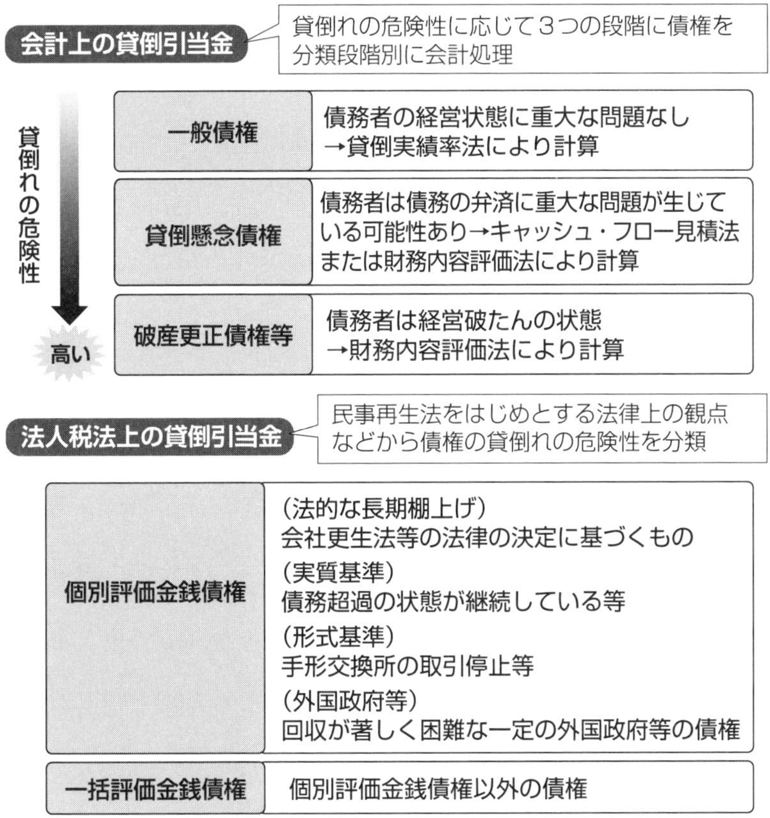

② 貸倒懸念債権

キャッシュ・フロー見積法または財務内容評価法により貸倒引当金を計算します。

ⓐ キャッシュ・フロー見積法

計上した相手先の個別の債権に対し、将来の債権及び利息の回収額（キャッシュ・フロー）について、当初の約定利子率で割り引いた金額の総額と帳簿価額との差額を貸倒引当金計上する方法です。

たとえば、利率３％で10,000の貸付けを行っていたとします。その後、貸付先の財政状態が悪化して、当期末になって貸付先より来期以降は利率１％にしてほしいと依頼があり、これを受け入れたとします。この場合の貸倒引当金の計算は次のとおりになります。

（貸付条件）

貸付金額：10,000（貸付期間満了時に一括返済）

当初利率：３％（利息は毎期末に受け取り）

当期末時点の残りの貸付期間：３年

（変更条件）

来期以降より利率を１％に変更

（貸倒引当金の計算）

・期末後１年目のキャッシュ・フロー

（10,000×１％）÷（１＋３％）＝97・・・①

・期末後２年目のキャッシュ・フロー

（10,000×１％）÷（１＋３％）^{2}＝94・・・②

・期末後３年目のキャッシュ・フロー（貸付期間満了）

（10,000＋（10,000×１％））÷（１＋３％）^{3}＝9,242・・・③

・貸倒引当金の計算

債権帳簿価額10,000－（①＋②＋③）＝567

ⓑ 財務内容評価法

相手先の債権の支払能力等の状況を勘案して個別に貸倒引当金を計

上する方法です。担保の処分見込み額や保証による回収見込み額は計算から除かれます。たとえば、債権1,000のうち500が回収できない場合に、その一方で取引時に保証金100を受け取っている場合の貸倒引当金計上額は1,000－500－100＝400となります。

③　**破産更生債権等**

財務内容評価法により貸倒引当金を計算します。

以降では、税務上の貸倒引当金の計算方法について説明します。会計上の貸倒引当金と計算方法が異なるため、税務上貸倒引当金の計上が認められている中小法人などが会計上貸倒引当金を計上している場合には、税務上計算した繰入限度額を上回った金額が法人税法上課税所得に加えられます。一方、税務上貸倒引当金の計上が認められていない法人等については、会計上計上した貸倒引当金全額が否認されて課税所得に加えられることになります。

個別評価金銭債権とは（税務上）

個別評価金銭債権とは、まだ貸倒れなどの事実はないが、債務者の経営状態が悪化しており、全額回収が難しいと判断されるような金銭債権をいいます。貸倒引当金の設定対象となる個別評価金銭債権は、①法的な長期棚上げ、②実質基準、③形式基準、④外国政府等のいずれかの要件を満たす金銭債権です。

①　**法的な長期棚上げ**

以下の事由などにより、債務の弁済期限が長期にわたり延長され(長期棚上げ)、分割弁済とされているものです。

・会社更生法による更生計画認可の決定
・民事再生法による再生計画認可の決定
・会社法による特別清算に基づく協定の許可の決定

なお、これらの事由によって、債務者から回収できない事となった債権については、「貸倒損失」として処理します。

② **実質基準**

以下の事由から、その金銭債権の全額回収の見込みがないものです。

・債務超過の状態が相当期間（おおむね１年以上）継続し、事業が好転する見込みがないとき

・災害等により多大な被害が生じたとき

・担保がある場合で、担保物の処分に時間がかかるとき

・債務者の財政悪化等の理由により、貸付金等の未収利子で、督促にもかかわらず２年以上入金がないとき

③ **形式基準**

以下の事由が生じているものです。

・会社更生法による更生手続き開始の申立て

・民事再生法による再生手続き開始の申立て

・破産法による破産手続き開始の申立て

・会社法による特別清算開始の申立て

・手形交換所による取引停止処分

会社更生法等の法令等に基づくものについては、手続き開始の申立て段階の金銭債権ですので、①の法的な長期棚上げとの違いに注意しましょう。

④ **外国政府等**

外国の政府、中央銀行または地方公共団体に対する金銭債権で、長期にわたる債務の履行遅滞によりその債権の経済的な価値が著しく減少し、かつ、その弁済を受けることが著しく困難であると認められる場合に、貸倒引当金の計上が認められます。

どのように設定するのか

それぞれの取引先に対する個別評価金銭債権ごとに貸倒引当金繰入限度を計算し、限度額以下の金額を「貸倒引当金繰入額」として経費計上することにより設定します。

個別評価金銭債権の計算方法

個別評価金銭債権の貸倒引当金として計上できる繰入限度額の計算方法は、それぞれ以下のとおりです。

① **法的な長期棚上げ**

決算から５年経過後に支払いを受ける予定の金額

② **実質基準**

取立ての見込みがない部分の額（処分できる担保は処分後）

③ **形式基準**

（債権金額－「取立等見込額」）×50％

「取立等見込額」とは、当社側が保有しているその債務者への買掛金・借入金などの債務の額や、抵当権などで担保されている金額、金融機関等により保証されている部分の金額などをいいます。ただし、保証人による保証はこれに含まれません。

④ **外国政府等**

（債権金額－「取立等見込額」）×50％

一括評価金銭債権とは（税務上）

一括評価金銭債権とは、売掛金、貸付金、未収入金など金銭を受け取ることを目的とする債権で、個別評価金銭債権（251ページ）以外のものをいいます。

対象になる金銭債権とは（税務上）

一括評価金銭債権の対象となる金銭債権は、売掛金・貸付金・受取手形・割引手形・裏書手形・未収入金（資産やサービス提供の代金・貸付金の未収利子・未収の損害賠償金など）・先日付小切手・他人のために立替え払いをした立替金や仮払金・保証債務を履行した場合の求償権などです。

金銭で回収しないものや、将来費用となるもの、利子の元本が貸倒引当金の対象とならないものについては、その性質上一括評価金銭債権の対象にはなりません。具体的には、預貯金や公社債の未収利子・未収配当金・預け金・保証金・前渡金・前払給料・仕入割戻しの未収金などです。

■一括評価金銭債権の計算方法（税務上）

一括評価金銭債権は、現状では貸倒れのリスクの低い金銭債権です。これに対する貸倒引当金を見積もるためには、過去において実際に貸倒れた金額をもとにするのが合理的です。

そこで、一括評価金銭債権に対して繰り入れる貸倒引当金の計算方法は、まず過去３年の債権合計のうち、貸倒れの実績金額の占める割合（貸倒実績率）を算出し、当期の債権残高に「貸倒実績率」を掛けて計算するという方法をとります。債権３年分の合計を計算上分母に持ってくるなどから、248 ～ 249ページで説明したような会計上の貸倒実績率の計算方法とは異なります。

しかし、取引数の少ない小規模の会社にとっては、過去数年の実績が必ずしも正確な実態を表すとはいえません。そこで一定の中小法人については、「貸倒実績率」の代わりに、業種別に定めた「法定繰入率」を適用できる特例があります。どちらか限度額が大きくなる有利な方を選択することができます。一定の中小法人とは、年度末における資本金等の額が１億円以下で、なおかつ、資本金５億円以上の会社に完全支配されていない法人をいいます。

なお、法定繰入率については以下のようになっています。

卸売業・小売業　10 ／ 1000　製造業　8 ／ 1000
金融業・保険業　3 ／ 1000　割賦販売小売業　13 ／ 1000
その他（建設業・サービス業など）6 ／ 1000

税務上、貸倒引当金が認められるのは中小法人等、金融機関、一定の金銭債権を有する法人等（247ページ）のみです。これらの法人の一括評価金銭債権に対する貸倒引当金の計算は以下のようになります。まず、中小法人等と金融機関については、貸倒実績率または法定繰入率を使用して計算します。次に、一定の金銭債権を有する法人等ですが、一括評価金銭債権となる債権は、リース資産の対価など一定の金銭債権に限られます。また、貸倒引当金の計算方法については、貸倒実績率による方法のみとなります。

■ 貸倒引当金繰入の適用対象とは（税務上）

<table>
<tr><th colspan="2">法人の規模</th><th>貸倒引当金繰入の適用</th></tr>
<tr><td colspan="2">法人（資本金１億円以下）</td><td>すべての金銭債権で○</td></tr>
<tr><td rowspan="3">① 法人(資本金１億円超)
② 大法人（資本金５億円以上）の 100%子会社である中小法人</td><td>銀行・保険会社</td><td>すべての金銭債権で○</td></tr>
<tr><td>一定事業にかかる金銭債権を保有する法人</td><td>一定の金銭債権で○</td></tr>
<tr><td>その他</td><td>適用なし ×</td></tr>
</table>

■ 業種別法定繰入率（税務上）

業　種	法定繰入率
卸売業・小売業	10／1000
製造業	8／1000
金融業・保険業	3／1000
割賦販売小売業	13／1000
その他（建設業・サービス）	6／1000

【監修者紹介】

武田　守（たけだ　まもる）

公認会計士・税理士。1974年生まれ。東京都出身。慶應義塾大学卒業後、中央青山監査法人、太陽有限責任監査法人、東証１部上場会社勤務等を経て、現在武田公認会計士・税理士事務所代表。監査法人では金融商品取引法監査、会社法監査の他、株式上場準備会社向けのIPOコンサルティング業務、上場会社等では税金計算・申告実務に従事。決算業務の流れを、監査などの会社外部の視点と、会社組織としての会社内部の視点という２つの側面から経験しているため、財務会計や税務に関する専門的なアドバイスだけでなく、これらを取り巻く決算体制の構築や経営管理の実務に有用なサービスを提供している。著作として『株式上場準備の実務』（中央経済社、共著）、『入門図解 会社の終わらせ方・譲り方【解散清算・事業承継・Ｍ＆Ａ】の法律と手続き実践マニュアル』『会計の基本と実務』（小社刊）などがある。

中村啓一（なかむら　けいいち）

司法書士（大阪司法書士会所属、簡裁訴訟代理関係業務認定）。1976年生まれ。鳥取県出身。2013年５月司法書士登録。大阪市内、和歌山市内の司法書士法人で不動産登記、商業登記、相続手続、生前対策などの業務に従事した後、2018年に司法書士事務所を開設。単に書類作成するだけでなく、様々な視点から最善となる方法を模索、アドバイスを行い依頼者をサポートしている。

シンセリティー司法書士事務所
大阪市中央区北久宝寺町１－７－９　堺筋本町プラザビル702
https//souzoku-shinntaku.net

事業者必携
与信管理から法的手段、経理処理まで
最新　売掛金回収・債権管理の基本と対策

2020年10月30日　第１刷発行

監修者　武《たけ》田《だ》守《まもる》　中《なか》村《むら》啓《けい》一《いち》
発行者　前田俊秀
発行所　株式会社三修社
〒150-0001　東京都渋谷区神宮前2-2-22
TEL　03-3405-4511　FAX　03-3405-4522
振替　00190-9-72758
http://www.sanshusha.co.jp
編集担当　北村英治
印刷所　萩原印刷株式会社
製本所　牧製本印刷株式会社

ISBN978-4-384-04854-4 C2032